세월호가
묻고
교육이
답하다

세월호가
묻고
　교육이
　답하다

초판 1쇄 인쇄 2019년 11월 13일
초판 1쇄 발행 2019년 11월 23일

지은이 경기도교육연구원
펴낸이 김승희
펴낸곳 도서출판 살림터

기획 정광일
편집 조현수
북디자인 꼬리별

인쇄·제본 (주)현문
종이 월드페이퍼(주)

주소 서울시 양천구 목동동로 293, 22층 2215-1호
전화 02-3141-6553
팩스 02-3141-6555
출판등록 2008년 3월 18일 제313-1990-12호
이메일 gwang80@hanmail.net
블로그 http://blog.naver.com/dkffk1020

ISBN 979-11-5930-120-9 03370

이 도서의 국립중앙도서관 출판예정도서목록(CIP)은 서지정보유통지원시스템 홈페이지(http://seoji.
nl.go.kr)와 국가자료종합목록 구축시스템(http://kolis-net.nl.go.kr)에서 이용하실 수 있습니다.
(CIP제어번호: CIP2019046902)

세월호가
묻고
교육이
답하다

경기도교육연구원 지음

살림터

결코 잊을 수 없는 2014년 4월 16일

이재정_경기도교육감

모두가 '그때 무엇을 했는가'라는 질문에 저마다 답을 찾으며 시간이 흘렀습니다. 교육이 교육답고 사회와 국가가 그 책임을 다했어야 한다는 반성이 이어졌고, 이제는 무엇을 어떻게 기억하며 어떻게 실천으로 옮길 것인가에 대한 답을 함께 찾아가고 있습니다.

2019년 10월, 세월호 참사 발생 이천 일을 넘기며 그동안 사회 정의와 진리를 찾아 머리를 맞댄 과정을 떠올리면 가슴이 먹먹합니다. 자식을 잃은 슬픔을 다시 희망으로 바꿔 오신 부모님, 친구와 제자를 먼저 보낸 허전함과 울분 속에서도 한밤 어둠을 새벽으로 밀어냈던 교육가족이 있었기에 우리는 4·16교육체제로 새로운 변화를 시작할 수 있었습니다.

4·16교육체제는 혁신교육이 지향했던 교육의 공공성, 공정성, 민주성은 물론 '학생 중심'의 교육자치를 실천하여 학생들을 민주시민으로 성장시킴으로써 사회적 책임을 감당할 수 있도록 하는 것입니다. 세상

을 바꾸는 것은 사람이고, 사람을 바꾸는 것은 교육입니다. 가르친다는 것은 끊임없이 희망을 이야기하는 것이기에 우리는 오늘도 교육다운 교육으로 내일을 열어 가고 있습니다.

　교육은 앞으로도 매 순간순간 '이대로 지속해도 좋은가', '모두가 존엄한 주체로 살아가고 있는가'라는 질문에 대해 개인과 시대에 부딪혀 돌아오는 메아리에 귀 기울여야 합니다. 사회 각계의 시선과 고민을 담아낸 이 책은 4·16교육체제가 또 다른 변혁으로 이어지는 통로가 될 것입니다. 책이 만들어 내는 수많은 메아리가 사회 전체의 울림이 되어, 정의롭고 공정한 세상을 만드는 그날을 그려 봅니다. 감사합니다.

2019년 11월
이재정

세월호의 물음에 답하는
경기혁신교육

김상곤_경기도교육연구원 이사장

세월호 참사 후 5년이라는 무심한 세월이 흘렀지만 우리 마음은 끝내 무겁고 미뤄진 숙제는 자꾸 쌓여 갑니다.

이 책 또한 그렇습니다. 2014년에 세월호가 던졌던 질문, 그리고 교육과 사회가 답해야 하는 이야기를 또 불러냅니다. '참사 이후의 교육과 세상'을 새롭게 열어 가고 있지 못하다는 증거이기도 할 것입니다.

우리 모두가 아픕니다만, 더 예민한 감수성으로 세월호가 던진 철학적, 사회적, 교육적 질문을 아프게 받아들이는 분들의 이야기가 이 책을 이끌어 갑니다.

세월호와 한국 사회의 함수를 규명하는 발제를 맡아 주신 전남대 박구용 교수님과 경희대 이택광 교수님, 4·16교육체제의 교육적 화두를 이끌어 가시는 이수광 원장님, 이 세 분이 건네는 사유와 통찰은 '역사의 사건'으로서의 세월호가 아니라 지금 우리의 숨결과 체온으로 감당해야 하는 세월호를 이야기합니다.

김현정 기독교방송 피디님이 이끌어 가시고, 곽노현 전 교육감님, 김현국 소장님, 양지혜 대표님, 오윤주 선생님, 임희진 학생님, 전명선 위원장님이 함께 참여하신 토론 마당은 '당사자'로 살았던 이들의 낱낱의 상처와 기억을 담아냅니다.

'눈시울이 붉어지면 안 된다고 마음을 먹고'(전명선 위원장) 꾹꾹 눌러 던지는 이야기들은 '잊지 않는 것을 넘어 나는 무엇을 바꿀 것인가'(김현정 피디)에 대한 고민으로 이어지면서, 교육 패러다임의 전환을 위해 '죽을 각오를 하고 바꿔야'(이택광 교수) 한다고 결론을 맺습니다.

우리는 압니다. 아픔과 슬픔은 외면한다고 해서 치유되지 않는다는 것을.

불행한 참사에서 교훈을 얻어 내지 못한다면 잠재된 불행의 에너지는 더욱 강력한 힘을 결집하리라는 것도 경험으로 짐작합니다.

교육은 그 어떤 분야보다 개혁으로 나아가는 길이 험난한 영역입니다.

사안마다 이해가 충돌하고 사회적 파장은 전방위로 나타납니다. 수많은 현실 조건과 환경 속에서, 개혁의 본뜻은 실종되고 갈등의 골이 깊어지는 경우도 많습니다.

우리가 만드는 개혁 비전과 실행 계획이 더욱더 정교하고 설득력을 지녀야 하는 이유입니다. 근본적인 교육개혁을 갈망하는 국민적 기대와 현실 여건 사이에서, 개혁의 좌표를 설정하고 실행하는 일이 얼마나 지난한 일인지를 직접 경험하였기에 이에 대한 무거운 성찰 속에서 드리는 부탁의 말씀이기도 합니다.

중앙정부와 지방교육자치단체, 교육계와 시민사회가 부단히 토론하면서 국민적 공감을 이끌어 내었으면 합니다. 무엇보다 세월호 참사의 당사자이면서, 혁신교육의 발상지이자 중심지인 경기교육이 중심이 되

어 교육개혁의 참된 길을 모색해 나갈 수 있기를 기대합니다. 이런 뜻
에서, 세월호의 물음에 답하는 경기혁신교육을 위해 정성을 다하시는
이재정 교육감님께 깊은 감사 인사를 드립니다.

이 책이 기억과 추모의 심상을 넘어, 우리 교육과 사회가 나아가야
할 길과 해야 할 일에 대한 역사적 책무를 다시 확인시켜 주는 작은
계기가 되기를 간절하게 바랍니다.

마음을 다하여 심포지엄을 준비하고 책 발간에 애써 주신 모든 분
들의 애쓰심에도 제 감사의 진심이 전해지기를 바랍니다.

2019년 11월
김상곤

머리말

2019년 10월 6일. 이날은 세월호 참사 발생 2,000일째였다. 이토록 많은 시간이 지났지만 진상규명은 이뤄지지 않았고, 참사 당시 시민들의 외침 속에 담겼던 애도와 결기는 흐릿해졌다. 체제와 삶의 형식을 근본적으로 성찰하고 전환을 상상하자던 외침도 아득하다. 거대한 '망각의 협잡 구조'가 작동하는 것이 아닐까 의심케 하는 징후도 한둘이 아니다.

교육에서 '4·16'은 어떤 의미인가? '4·16'은 그 자체로 교육적 텍스트다. '4·16'은 '세월호 이후에 도래해야 할 국가는 과연 어떤 국가여야 하는가', '우리가 장차 살고 싶어 하는 나라는 과연 어떤 나라인가', '우리는 어떤 삶을 살아야 하는가'의 질문을 함축한다. 그리고 직정적 直情的이고 서슴없는 교육적 질문도 함께 제기한다. 질문이라기보다는 추궁에 가깝고 어쩌면 시위와도 같다. '우리의 교육체제는 어떤 성격인가? 이대로 지속해도 좋은 교육체제인가?', '교육을 통해 어떤 삶을 안내할 것인가?'를 묻는 것이다. 이런 질문에 대한 답은 현실의 절박함을 충실하게 반영하는 것이어야 한다. 즉 모든 학생들이 자신의 존엄함을 확인하고 그곳에서 '좋은 삶'의 토대를 갖출 수 있는 새로운 교육체제를 보여 주어야 하는 것이다. 그러나 애석하게도 교육계가 세월호를 사유하는 방식은 단순했고, 즉흥적이었고, 문제에 직핍直逼한 경우에도 그 내용은 기술·기능 차원에 머물렀고 그 호흡도 짧았다. 이런 점에서 '4·16 이후의 교육'은 아직 오지 않았다. 여전히 우리의 교육 현실은 '4·16 이전 교육'의 연장과 다름없다.

경기도교육연구원과 경기도교육청은 2015년 〈4·16교육체제 비전과 전략〉을 발표하였다. '4·16'을 교육체제의 결정적 전환 계기로 삼아야 한다는 입장에서, '인간 존엄의 가치가 우선되고 모두가 주체가 되는 교육체제'를 제안했다. 메리토크라시(meritocracy, 능력주의) 패러다임이 작동하는 교육 질서를 획기적으로 전환하기 위해서는 이념, 제도, 교육 내용 구성, 교육 방식, 그리고 사회정책 등 모든 분야에서 총체적 혁신이 모색되어야 한다는 문제의식을 제출한 것이다. 이 제안에 담긴 미시적 정책과제들은 이후 경기도교육청이 추진하고 있는 혁신교육 정책의 밑감이 되고 있다. 그러나 슬픔과 비극의 크기에 버금가는 교육체제 변화를 추동하는 데는 역부족이다. 그사이, 존재하되 없는 것 취급되었던 교육 불평등의 실상은 더욱 적나라한 민낯을 드러내고 있다. 이런 시점에서 우리는 다시 '4·16교육체제'를 호출한다. 지금 이 순간이 '존엄한 삶의 가능성을 경험할 수 있는 민주적인 교육체제'를 고민할 적기로 보기 때문이다.

이 책은 경기도교육연구원에서 2019년 4월 9일 개최했던 〈세월호 참사 5주기 심포지엄〉 결과물이다. 이전과는 질적으로 다른 세상과 삶을 상상하고, 교육계가 '4·16'을 올바로 기억하기 위해서는 어떤 일들을 해야 하는지를 모색하는 자리였다. 발제를 맡은 전남대학교 철학과 박구용 교수는 「세월호의 철학적 호명」을 통해 세월호의 호명에 철학이 어떻게 응답해야 하는지를 밝힌다. 그는 건강한 시민사회를 형성하지 못한 우리들 모두가 가해자이고, 이 입장에서 세월호의 부름에 응답하는 길만이 불의와 거짓의 가면을 벗길 수 있는 길임을 강조한다. 경희대학교 이택광 교수는 「세월호 이후의 사회전환 과제」를 통해 '슬픔의 힘'에 머물 수 있는 용기를 주문한다. 이 '슬픔의 힘'이 바로 세월호 참사를 초래한 극단적 자본주의의 야만성을 저지할 수 있는 방패가 된다는 것이다. 이수광은 「교육계가 감당해야 할 '기억'의 몫」을 밝힌다. 그는 박제화된 기억을 넘어서기 위해서는 '체제적 인식'이 중요함을 강조하고, 교육체제 전환을 추동할 수 있는 핵심 정책과제를 제시한다. 이에 더하여 〈라운드 테이블〉에서는 일곱 분의 토론자가 각자의 위치에서 기억하는 '4·16'과 장차 우리가 열어 가야 할 교육의 새 길에 대해 깊이 있는 고민을 나누었다. 그 기록들을 이 책에 담았다.

　어려운 여건 속에서도 심포지엄에서 발제를 맡아 주시고, 이 책의 기획에 뜻을 같이하고 흔쾌하게 글을 내주신 박구용 교수님과 이택광 교수님께 존경과 감사의 마음을 전한다. 또한 라운드 테이블 사회를 맡아 주셨던 CBS PD 김현정 님, 함께 토론해 주신 곽노현 전 서울시교육감, 김현국 정책연구소 미래와 균형 연구소장, 양지혜 청년정치 공동체 너머 대표, 오윤주 숙지고 선생님, 임하진 광휘고 학생, 전명선 전 4·16세월호참사가족협의회 운영위원장님께도 특별한 감사의 인사를 드린다. 그리고 이 작업의 가치에 공감하고 출판을 맡아 주신 살림터 정광일 대표님, 심포지엄 기획부터 책 출판까지 제자리에서 묵묵히 궂은일을 감당해 주신 경기도교육연구원 동료 선생님들께도 심심한 감사와 위로의 말씀 드린다.

　이 작은 책이 '강폭 한가운데서 놓여 새로운 물길 만드는 섬돌'이 되길 기대한다.

별이 된 세월호 희생자들과
망각의 협잡에 맞서 싸우는 유가족들께 이 책을 바친다.

2019년 11월
경기도교육연구원장 이수광

차례

1부

세월호가 묻고
교육이 답하다

세월호의 철학적 호명

박구용 • 전남대학교 철학과 교수

　　과거를 역사적으로 표현한다는 것은 그것이 '원래 어땠는가?'를 인식하는 일을 뜻하는 것이 아니다. 그것은 위험의 순간에 섬광처럼 스치는 어떤 기억을 붙잡는다는 것을 뜻한다. … 죽은 자들도 적이 승리하면 그 적 앞에서 안전하지 못하다는 점을 투철하게 인식하고 있는 역사가에게만 오로지 과거 속에서 희망의 불꽃을 점화할 재능이 주어져 있다. 그리고 이 적은 승리하기를 멈추지 않았다.[1]

---

1. W. Benjamin, "Über den Begriff der Geschichte", in: Gesammelte Schriften I-2, R. Tiedermann u. a.(Hg.), Ffm.: Suhrkamp, 1974, 6테제. 최성만 옮김, 「역사의 개념에 대하여」, 『발터 벤야민 선집 5』, 길, 2008, 334쪽.

불편하지 않은 기억은 조작이다

　나는 나다. 너는 너다. 우리는 우리다. 너희는 너희다. 나는 너와 다르고, 우리는 너희와 다르다. 여기까진 통념이다. 반론도 가능하다. 나와 너, 우리와 너희는 다르지만 같은 부분도 있다. 정치적, 혹은 문화적으로 나와 너, 우리와 너희는 적일 수도 있지만 언제나 동지가 될 수 있다. 여기까지도 통념이다. 그런데 나와 나, 너와 너, 우리와 우리, 너희와 너희가 다르다는 것은 통념이 아니다. 그렇지만 사실에 부합한다.

　나는 한순간도 같은 나로 있지 않다. 그런데 나는 매 순간 다른 나, 곧 너로 살아가지만 동시에 나는 나로 살아간다. 나는 나 아닌 사람으로서, 어쩌면 너로서 나이다. 하지만 나는 매 순간 변하는 나를 너라고 하지는 않는다. 이 모순은 어떻게 메워지는가? 기억이다. 변하지 않는 궁극적 나는 없다. 어디에도 나의 실체는 없다. 나는 결코 변하지 않는 나를 발견할 수 없다. 자아발견은 불가능하다.

　끝없이 변하는, 끝없이 다른, 끝없이 형성되는 불가사의한 존재인 나는 결국 무수히 많은 나들의 집합존재다. 너도 너들의 집합존재다. 나들과 너들이 형성한 우리와 너희도 마찬가지다. 그렇다면 나들, 너들, 우리들, 너희들은 어떻게 연결되는가? 기억을 통해서 연결된다. 그러니 기억이 망가지면 나, 너, 우리, 너희 모두 망가진다. 기억이 사라지면 나, 너, 우리, 너희 모두 사라진다. 기억을 상실한 사람은 실제로 주체성, 자율성이 없는 사람, 곧 자기가 없는 사람이다.

기억을 잃으면 모든 것을 잃는다. 자아나 자유와 같은 고귀한 이념만 잃어버리는 것이 아니다. 기억이 없는 사람은 누군가의 도움이 없으면 곧바로 생명을 잃는다. 살아 있어도 자기 삶의 주인일 수가 없다. 자아도 없고 자유도 없는 삶, 굴욕적이고 노예적인 삶만이 있다. 기억이 없는 사람은 어디에서 왔는지를 망각했을 뿐만 아니라 어디로 가야 할지 판단할 능력도 잃어버린다. 그러니 기억상실은 자아상실이면서도 동시에 생명상실이다. 사람만 그럴까? 존재하는 모든 것, 적어도 생명을 가진 모든 존재는 기억 없이는 생존할 수 없다. 그 때문에 모든 생명체는 한순간도 쉬지 않고 기억한다. 생명이 없는 사물이 기억을 가질 수는 있지만 기억 없는 생명체는 없다.

모든 생명체는 자신의 고유한 방식으로 기억하면서 살아간다. 인간이 정해 놓은 생명체들의 구별, 혹은 등급에 따라서 보면, 하등생물, 하등동물일수록 온몸으로 기억한다. 반면 고등동물일수록 기억장치가 두뇌에 집중된다. 그만큼 온몸에 퍼져 있는 기억의 능력은 퇴화한다. 특히 인간은 기억을 의식과 언어를 통해 재구성한다. 의식적으로 기억을 왜곡할 수 있는 것이다. 적극적으로 왜곡된 기억을 만들어서 유포할 수도 있다. 인간들에게 기억의 구성 방식은 정치적이다. 어떻게 기억을 구성하느냐에 따라 우리들과 너희들은 동지가 될 수도 있지만 생사를 건 투쟁을 벌여야 하는 적일 수도 있다.

진화는 자연 생명체의 기억 유물이다. 이 유물이 인간에게는 역사가 된다. 진화를 부정하는 생명체는 없다. 진화하지 않는 생명은 이미 사라졌기 때문이다. 진화하지 않는 생명은 곧 퇴화하다가 소멸한다. 역사를 부정하는 인간도 마찬가지다. 그러니 인간으로 살아가려면 역사는 선택이 아니다. 진화와 역사는 나, 혹은 너 홀로 기억하는 것이 아니다. 진화와 역사는 나와 너, 우리와 너희가 따로 또 함께 기억해 온 것이다.

진화가 그렇듯 역사도 모든 것을 기억하는 것은 당연히 아니다. 기억은 망각과 동시에 이루어진다. 그렇다면 어떤 것을 기억하고, 어떤 것을 망각할까? 좋았던 일은 기억하고, 싫었던 일을 망각하는 것은 자연스럽다. 그러나 자연 생명체는 그렇게 하지 않는다. 싫었던 일을 기억해야 살아남을 수 있다. 인간도 마찬가지다. 고통을 기억해야 고통을 피할 수 있다. 그렇다고 고통만 기억하면 기억 자체가 삶을 지배한다. 기억이 곧 죽음인 것이다. 그러니 인간의 의식은 행복 경험을 중심으로 기억하는 반면, 무의식은 불행 경험을 중심으로 기억한다. 한쪽만의 기억은 온전한 기억이 아니다. 그러니 한쪽의 기억을 역사와 동일시하는 것은 심각한 왜곡이다. 그런데 의식과 무의식은 각자의 방식으로 상대 쪽을 억누르려고 꾸준히 노력한다. 의식은 무의식의 기억이 의식되는 것을 막는다. 반면 무의식은 의식에 의해서 조작된 혹은 왜곡된 기억들에 완강하게 저항하는데, 특별한 노력을 기울이지 않으면 무의식은 의식에 억압되어 있기 쉽다. 달리 말하면 불편한 기억은 특별한 노력을 기울이지 않는 한 억압되기 십상이다.

역사적 사실, 진실에 접근하기 위해서는 무의식의 기억을 의식의 세계로 끌어와야 한다. 불편한 일을 기억해야만 한다. 그런데 정치의 지평에서 고통 프레임은 행복 프레임을 이길 수 없다. 행복 프레임, 긍정 프레임은 일종의 마취제인데, 영웅의 시대, 영광의 시대로의 회귀를 주장하는 행복과 긍정의 프레임은 전통적으로 전체주의 이데올로기가 생산하는 담론이다. 이 담론은 고통의 기억을 무의식 안에 감금하고 유폐시킨다. 나아가 특정 세력에게 이 고통의 책임을 전가한다.

행복 프레임의 매력에 쉽게 빠져드는 사람은 그의 삶 자체가 고통인 경우가 많다. 현실을 부정하고 싶은 사람일수록 행복 프레임에 동원되기 쉽다. 그러나 행복 프레임은 현실의 고통을 없애 주지 않는다. 그 고통을 느끼지 못하게 하거나 남에게 전가하게 만든다. 불행한 사회, 고통스러운 세계일수록 행복 프레임의 마력은 커진다. 행복 프레임을 극복하려면 우선 고통 프레임으로 대적하는 길을 피해야 한다. 그리고 행복 프레임의 맞은편에 진리와 자유, 혹은 평화와 같은 가치의 프레임을 세워야 한다.

우리는 고통의 경험에서 벗어나기 위해, 다시 말해 역사적 고통으로부터 자유로워지려면 그 고통의 경험을 무의식에서 의식의 세계로 옮겨야 한다. 생각을 멈춘 노예, 향락의 대가로 자유를 포기한 노예적 삶과 단절할 수 있는 길을 열어야 한다. 불편한 기억을 무의식에서 의식으로 옮기는 일에서 그 길이 열린다. 자유와 진리, 그리고 평화로 가는 길이다. 불편하지 않은 기억은 조작이고 억압이다.

「세월호의 철학적 호명」이란 제목을 가진 이 글은 세월호에 대한 철학적 기억투쟁이다. 철학의 이름으로 세월호를 기억의 지평으로 끌고 오려는 것은 물론 아니다. 철학이 세월호를 호명하는 것이 아니라 세월호의 호명에 철학이 응답하려는 것이다. 이 맥락에서 이 글은 '세월호의 부름에 대한 철학의 대답'인 셈이다.

세월호의 부름에 철학이 응답한다는 것은 세월호 참사의 진실을 인식한다는 것, 다른 말로 사실적 진실에 접근한다는 것을 의미하지 않는다. 세월호의 철학적 호명과 응답은 그날의 가해자만이 아니라 다가올 날들의 가해자들로부터 희생자 (0)을 보호하기 위함이다.

세월호는 처음부터 "잊지 않겠습니다"라는 다짐과 분리될 수 없는 참사였다. 하지만 불편한 기억을 강요한다고 피로감을 들먹이는 세력도 적지 않았다. 이들은 세월호의 직접적 가해자들이다. 이들과의 싸움에서 물러서지 않으려면 세월호의 부름에 감각적으로 대답할 수 있는 힘을 찾아야 한다. 세월호는 분명 사회적 참사다. 사회가 만든 참사가 아니라 사회의 부재가 만든 참사다. 사회, 특히 시민사회의 힘이 허약한 상황에서 세 가지 권력체계인 자본시장, 과학기술, 국민국가의 야합으로 참사가 벌어진 것이다. 그러니 건강한 시민사회를 형성하지 못한 우리 모두가 참사의 가해자라는 의식이 필요하다. 피해자 의식만으로는 세월호의 비극을 극복할 수 없다. 피고인의 입장에서 세월호의 부름에 응답하는 길만이 불의와 거짓의 가면을 벗길 수 있는 유일한 힘이다.

세월호 유족 아닌 국민은 국민도 아니다

시간이 멈춘다. 2014년 4월 16일. 정지된 시간, 누구도 들을 수 없는 소리가 천지를 울린다. 비탄과 한탄, 심지어 절규라는 말로도 표현할 수 없는 몸들의 아우성 소리가 핵폭탄처럼 쏟아진다. 파국이다. 누가 이 소리를 들을 수 있을까? 누가 이 소리에 반응할 수 있을까?

아무리 애를 써도 그날의 소리는 들리지 않는다. 너무 많은 시간이 흘러서가 아니다. 듣고 싶지 않아서다. 그 소리를 들으면 곧바로 내 삶도 파국에 들어설 것이라는 두려움이 귀를 멀게 한다. 4·16 귀머거리가 된 우리에게 어떤 소리가 남겨졌을까? 구명 선박과 헬기가 쏟아 내는 굉음을 면도칼로 찢듯 한마디 말이 들린다.

가만히 있어라!

이 명령에 따른 희생자들의 울부짖는 소리, 몸이 뿜어 대는 소리를 들을 수 없었던 우리가 볼 수 있었던 것은 무엇일까? 듣지 못한 것을 보았을 리 없다. 그래도 다 본 듯하다. 4월 16일, 우리 모두는 다 같이 한곳을 응시했다. 매체가 전달한 이미지가 그날의 현실이었다. 그렇게 가상은 실상이 되면서 실상은 가상이 된다. 그날 우리가 본 것은 무엇인가? 영상 이미지가 넘쳐난다.

우리는 모두 그곳에 있었다. 영상을 매개로 했지만, 이때의 매체는 말 그대로 매체였을 뿐이다. 일반적인 상황에서 매체는 그 매체를 전달하는 사람과 세력의 의견과 의지에 따라 사건을 해석하고 분석하며, 때에 따라서는 조작한다. 그런데 아주 가끔 어떤 해석이나 조작이 불가능한, 혹은 불필요한 사태에 직면하는 경우가 있다. 힌츠페터 J. Hinzpeter의 5·18 영상이 여기에 해당한다. 그리고 4·16 당시 언론은 세월호 사건을 파악하거나 조작할 만큼의 수준에 있지 않았다. 그 때문에 우리는 오롯이 날이미지를 공유할 수 있었다. 매체는 있었지만 매개는 없었다. 날이미지와 직접 만난 우리는 어떤 은유나 해석도 없이 사건 자체와 함께했다. 날이미지로 전송된 사건은 인간 혹은 주체 중심으로 사건을 재구성하는 원근법적 조작이 이루어지기 전의 사건이다.[2]

날이미지는 희미하지만 사라지지 않는다. 하지만 희미해지는 틈으로 조작이 이루어진다. 참사가 일어난 지 5개월도 채 안 된 9월 초 『동아일보』와 『조선일보』의 조작은 범죄 수준에 이른다. 2014년 9월 10일 「"팽목항만 보지 말고 민생 챙기라" 분노의 추석 민심」이라고 말하는 『동아일보』 사설과 「'세월호'에 진저리치고, 국회는 해산하라는 추석 민심」 운운하는 『조선일보』의 조작은 세월호 희생자들이 계속해서 살해될 수 있다는 것을 보여 준다.

세월호특별법 갈등으로 민생 법안이 처리되지 않고 있는 데 대해 "이제 피로감 수준에서 불만으로까지 번지고 있다. 시장에 붙여 놓은 노란 현수막 때문에 상인들과 충돌 직전이다." "세월호 유족 아닌 다

---

2. 날이미지와 탈원근법에 관해서는 오규원(2005), 『날이미지와 시』, 문학과지성사 참조.

른 국민은 국민도 아니냐", "세월호 때문에 피해 안 본 업종, 지역이 없는데 국회가 세월호 하나만 갖고 이러니 분통이 터진다"는 게 의원들이 전한 솔직한 추석 민심이다. 한 의원은 "사람들이 '이제 그만'이라고 한다. 표현 수위가 높아서 놀랐다. 다들 세월호에서 벗어나고 싶어 했다"고 현장 분위기를 전했다. 다른 의원은 "사람들이 세월호에 대해 언급하는 것 자체를 싫어했다"고 했다.

『조선일보』가 전하는 민심 중에 어쩌면 진실이 있다. 저들이 조작했을 것으로 보이는 말인 "세월호 유족 아닌 다른 국민은 국민도 아니냐"는 말은 가장 극단적으로 왜곡됐지만 그만큼의 진실을 품고 있다. 세월호의 날이미지를 독단적 주체의 관점에서 분석하고 해석한 사람들이 생각하는 유족은 그야말로 희생자들의 가족으로 제한된다. 그러나 날이미지를 눈을 매개로 본 것이 아니라 온몸으로 체험한 사람은 모두가 유족이었다. 유족이 국민이고 국민이 유족이었다. 세월호를 단순 사고라고 치부하며, 보상의 수준을 가지고 계산기를 두드리며 유족들을 도덕적으로 감금하고, 급기야 유족의 단식을 조롱하며 폭식을 즐기는 자들은 유족도 아니지만 국민도 아니다.[3]

세월호의 날이미지를 경험한 사람들 모두는 그날 그곳에 함께 있었다. 무엇인가를 공유했다. 내용이 명확하지는 않지만 어떤 형태로든 집합기억을 형성했음이 틀림없다. 하지만 그 기억만으로 그날의 진실

---

3. 김영욱·함승경(2015), 「세월호 침몰은 참사인가? 사고인가? 비판적 담론분석(CDA)을 적용한 세월호 담론 경쟁」, 『홍보학연구』 19(4), 83쪽 이하 참조.

을 알 수는 없다. 이미지는 이미지일 뿐이다. 이미지를 매개로 한 집합기억만으로 사건이 있었던 그날, 그곳으로 되돌아갈 수 없다.

세월호의 영상 이미지는 대부분 사건 주변부를 겉돈다. 배 안에서 있었던 진실, 바닷속에 있었던 진실 그 자체를 담고 있는 이미지는 없다. 그날의 영상 이미지는 우리를 그날 그곳으로 데려가지 않는다. 바르트R. Barthes가 말한 사진의 마력은 작동하지 않았다. (0)이 우리를 부르는 소리는 사진에 덧붙여지고 덧씌워진 채로 침묵 속에서 아우성치다가 화살처럼 발사되어 나를 관통하지 않았다.[4] 그렇다면 왜 사람들은 사건의 진실을 담은 이미지에 접근하지 못했을까? 타인의 고통과 재난을 대상화하지 말라는 손탁S. Sontag의 윤리적 지침을 따른 것일까?[5] 그게 아니라면 현실적으로, 좁게는 기술적으로 불가능했을 것이라고 보아야 할까? 그보다는 차마 이미지로 담아낼 수 없는 고통이 세월호의 진실이었기 때문이라고 보는 것이 옳을 것이다. 이미지 윤리학도 필요 없을 만큼의 참사였던 것이다. 그렇다고 날이미지 바깥에 사건의 실체가 있는 것은 더더욱 아니다. 날이미지 안에 진실이 있는 것도 아니며 또한 날이미지 바깥에 진실이 있는 것도 아니라면 다른 시선과 시도가 필요하다. 날이미지를 통해서 세월호의 진실에 접근하려는 시도 대신에 날이미지 속에 숨어 있는 (0)들이 우리를 부르는 소

---

4. R. Barthes(1981), Camera Lucida: Reflections on Photography, New York: Hill and Wang, 55쪽 참조.
5. S. Sontag(1977), On Photography, New York: Dell Pub. Co. 19쪽 이하 참조.

리에 귀를 기울여야 한다.[6] 이미지, 그림 자체에는 물리적 생명이 없다. 하지만 어떤 이미지는 살아 움직이는 생명체와 같이 힘 있는 행위자 역할을 한다. 페티시즘이나 애니미즘이 내세우는 증상을 말하는 것이 아니다. (0)의 부름에 응답한다는 것은 이미지와 사유 사이의 간격을 감수성이 예민한 상상력으로 채우는 것이다. 이 상상력 때문에 "사람들은 모두 자기 어머니의 사진이 살아 있는 것이 아니라는 것을 잘 알고 있지만, 그럼에도 여전히 그것을 훼손하거나 파괴하는 것에 대해서는 주저한다".[7] 실재와 가상, 실제와 외관, 사건과 이미지는 다르다. 둘 사이의 불일치는 인간의 조건일 뿐만 아니라 세계의 존재 방식이다. 불일치는 극복될 수 없다. 그럼에도 불구하고 불일치를 알지 못하거나 혹은 불일치를 쉽게 극복할 수 있다고 자신하는 사람들은 긍정의 힘인 순수한 행복을 누릴 수 있다. 반면 불일치의 극복 불가능성을 아는 순간 파국이 시작된다. 불일치를 알고 말하는 사람은 쉽게 거짓말쟁이가 된다. 진실을 말하는데도 거짓말을 하는 사람으로 취급된다. 세월호의 날이미지 속에서 (0)의 소리를 듣는 사람도 마찬가지다.

　타인의 고통을 외면하는 것은 자연스럽다. 타인의 고통으로 자기까지 고통받고 싶지 않아서다. 더구나 타인의 고통이 자기보존을 위협하는 수준이라면 외면하려는 의식과 행위는 더 강해질 것이다. 자기보존

---

6. 최종철(2018), 「세월호의 귀환 그 이미지가 원하는 것」, 『미학예술연구』 55, 4쪽 이하 참조.
7. W. J. T. 미첼(2016), 『그림은 무엇을 원하는가: 이미지의 삶과 사랑』, 김전유경 옮김, 그린비, 56~57쪽.

의 욕망과 타인의 고통에 대한 회피 감정은 긴밀하게 연결되어 있다. 물론 두 감성을 실현하는 방식은 상이할 수 있다. 자기보존을 위해 타인의 고통을 철저하게 외면하거나 심지어 조장하고 이용하는 방식이 있다. 반면 거꾸로 자기보존을 위해 타인이 고통받지 않도록, 다시 말해 서로 고통을 주고받지 않으면서 공존하는 방식도 있다. 현대 유럽의 거의 모든 사회계약론자들은 상이한 인간관에도 불구하고 두 번째 길로 가기 위한 국가체계를 제안한다. 그중에서 특히 루소J. J. Rousseau는 인간이 공유할 수 있는 감성에서 사회계약의 동력을 찾는다.

인간 영혼 최초의 가장 단순한 움직임에 대해 고찰해 보면, 나는 거기에서 이성보다 앞선 두 가지의 원리를 인정할 수 있다고 믿는다. 그 하나는 우리의 안락과 자기보존에 대해 열렬한 관심을 기울이는 원리며, 또 하나는 모든 연약한 존재, 특히 우리 동포의 고통이나 멸망을 보는 것에 대해 자연스러운 반감을 일으키게 하는 원리다. 여기에 사회성의 원리를 끌어올 필요는 없으며 위에서 말한 두 가지 원리를 우리의 영혼이 협력케 하고 짝짓게 함으로써 자연법의 모든 규칙이 생기는 것이라고 생각한다.[8]

공존과 공생을 위한 사회계약의 원천이 루소가 생각했듯이 자연 상태의 감성일 필요는 없다. 홉스Th. Hobbes나 로크J. Locke가 생각했듯이 합리적 사유, 곧 이성이 사람들로 하여금 사회계약을 맺도록 할 수

---

8. J. J. 루소(2012), 『인간불평등 기원론/사회계약론』, 최석기 옮김, 동서문화사, 27쪽.

있다. 이성이냐 감성이냐, 이기심이냐 이타성이냐에 상관없이 자기보존을 원하는 인간은 공생과 공존을 위한 계약서에 서명할 수밖에 없다.[9] 이에 대한 중첩적 합의를 기초로 오늘날의 법치주의와 민주주의 국가체계가 형성되었다. 아니 그렇다고, 그럴 것이라는 믿음이 있었다. 하지만 5·18과 함께 4·16은 이 믿음에 근본적인 물음을 제시한다.

국가 폭력, 국가 부재는 단순히 5·18이나 4·16 사건 당시의 시간으로 환원되지 않는다. 우리가 그날의 아우성을 들을 수 없고, 그날의 몸부림을 볼 수 없는 지금 여기가 국가 폭력과 국가 부재의 현장일 수 있다. 시간이 멈춘 그날, 그 시간으로 돌아가 그들의 부름에 응답할 힘을 우리는 상실했다. 감각기관이 마비되면서 계산 능력만 예민해졌다. 그러니 때려눕혀진 사람들, 칠흑 같은 암흑 속에 감금된 사람들의 소리를 들을 힘도, 더구나 그들의 편에 설 수 있는 상상력조차 상실되었다. 루소의 말이 무색하다.

결과적으로 우리가 동류인 인간들에 대해 애착을 갖는 것은 그들의 즐거움을 느껴서라기보다는 그들의 고통을 느끼기 때문이다. … 우리에게 공통되는 욕구는 우리를 이해관계로 결합시키지만, 우리에게 공통되는 비참함은 우리를 애정으로 결합시킨다. … 그러나 불행한 사

---

9. 루소가 사회계약의 원천을 자연상태의 이성이 아니라 감성에서 찾았다는 것은 주목할 만하다. 특히 하나의 감성이 아니라 두 개의 감성을 제시하고, 나아가 하나의 감성이 다른 감성에 귀속되거나 환원되지 않은 독립된 원칙으로 제시했다는 것은 의미심장하다. 루소는 타인의 고통을 보고 싶어 하지 않는 감성을 자기보존의 욕망으로 환원하지 않음으로써 개인의 자유만이 아니라 사회적 신뢰와 연대를 사회계약과 국가 구성의 중대한 원천으로 제시했다.

람이 괴로워하는 것을 보고 동정하지 않는 사람이 어디 있겠는가? 그리고 만약에 그 사람을 그의 불행한 처지에서 구해 내기 위해 그럴 마음만 먹으면 된다면, 그렇게 하기를 원치 않는 사람이 어디 있겠는가? 우리는 상상력을 통해 행복한 사람의 입장보다는 오히려 비참한 사람의 처지가 된다. 우리는 이 두 상태 중 후자가 전자보다 우리에게 더 가까운 관계라고 느낀다.[10]

세월호의 날이미지는 분명 우리에게 비참, 혹은 비탄이라는 집합감정을 갖게 했다. 그러나 우리는 애정으로 결합하지 못했고 거꾸로 이해관계로 찢어지고 말았다. 비참한 사람의 처지가 될 수 있는 상상력이 붕괴된 것이다. 한 나라에서 공존하고 공생하기 위해서 필요한 최소한의 지반으로서 공유할 수 있는 상상력조차 잃어버린 것이다.

세월호에 진저리치며 폭식을 즐기는 사람들과 어떻게 같이 살아갈 수 있을까? 어떻게 (0)이 부르는 소리를 들을 수 있는 감각과 그 부름에 응답할 수 있는 상상력을 복원할 수 있을까? 다차원적인 진단과 처방이 필요하다. 그중에서 상상력 복원 교육이 시급하다.[11] 한 나라 안에서 공존하고 공생하려면 더 행복한 사람이 아니라 더 불행한 사람의 입장에서 서로 공감할 수 있는 상상력 교육이 필요하다. 루소의 말처럼 다른 사람들의 화려한 운명과 행운, 그리고 성공을 찬미하게 만드는 대신 그것을 비참한 측면에서 보여 주어 그가 화려함을 두

---

10. J. J. 루소(2007), 『에밀 또는 교육론 2』, 이용철 옮김, 한길사, 36~37쪽.
11. 하상복(2015), 「세월호 참사와 한국 사회」, 『기억과 전망』 32, 147쪽 이하 참조.

려워하게 만들어야 한다."[12] 그러나 현재 우리의 교육은 학생들에게 반대의 길을 강요하고 있다. 화려함을 찬미하고 추종하는 교육이 폭식으로 조롱하는 학생들을 기른 것이다.

루소는 또한 타인의 불행과 고통을 타인의 것이 아니라 자기의 것으로 받아들이는 교육을 제안한다. 타인의 고통이 곧 나의 고통이 될 수 있다는 교육이 없으면 고통받는 타인에 대한 감수성은 사라진다. 그래서 루소는 학생들이 위에서 아래를, 행복한 곳에서 불행한 곳을 내려다보는 습관을 갖지 않도록 교육하라고 주문한다. 그러나 우리 교육은 지금 학생에게 자기보다 가난한 사람, 불행한 사람, 성적이 낮은 사람을 내려다보도록 교육한다. 타인의 고통에 대한 예민한 감수성이나 고통받는 사람과 연대할 수 있는 상상력은 들어설 틈이 없다. 오히려 무시하고 조롱하는 환락과 타락만 남는다. 세월호 유족도, 대한민국 국민도 될 수 없는 야만이 넘쳐난다.

시민사회가 없으면 사회적 재난은 반복된다

세월호 참사는 사회적 재난이다.[13] 이 재난은 계속되고 있다. 참사

---

12. J. J. 루소(2007), 『에밀 또는 교육론 2』, 41쪽 참조.
13. 정권규(2014), 「시민성 교육의 관점에서 본 세월호 참사의 원인과 대책」, 『사회과학과교육』 17, 1쪽 이하 참조.

가 아니라 단순 사고라고 우기는 사람들, 유족의 보상금이 많다고 불평하는 사람들, 어묵 조롱, 폭식 조롱하는 사람들이 줄어들지 않는 한 재난은 반복될 것이다. 그리고 대부분의 시민들이 (0)의 소리를 들을 수 없고, (0)의 부름에 대답하지 않는 동안 재난은 끝난 것이 아니다. 한 나라에서 공생과 공존을 위한 최소한의 공감도 없다면 사회적 재난은 회귀할 수밖에 없기 때문이다.

4·16이 참사인 까닭은 설명할 수 없는 죽음의 숫자 때문이 아니다. 현대인들의 삶이 우연에 내맡겨져 있다는 것은 4·16을 통해서 새삼스레 알려진 사실이 아니다. 위험사회, 피로사회에서 모든 존재의 삶은 우연에 노출돼 있고, 그 때문에 불안은 숙명이 되었다. 하물며 현대를 살아가는 인간 생명은 이전과는 비교도 할 수 없이 많은 죽음의 무덤 위에서 피어나는 악의 꽃이다. 그러나 4·16은 현대의 일반적 특징으로 설명하기 어려운 비극이다.

누가, 무엇이 참사를 불러왔는가? 이 땅에 4·16의 참사로부터 자유로운 사람은 없다. 모두가 4·16의 방관자이자 가해자다. 하지만 너무나 많은 사람들이 자신을 희생자로 착각하고, 가능한 한 빨리 재난에서 벗어나기 위해 희생제물을 찾는다. 더욱이 4·16 희생자를 숫자로 포획하며 보상액에 흥미를 보이는 악랄한 사람들도 적지 않다. 이들은 어쩌면 삶조차 교환 가능한 재화나 상품으로 취급하는 미래의 인간 사냥꾼들이다.[14] 그뿐인가? 한국 사회를 떠받치고 있는 공공성의 지반을 통째로 무너뜨리려는 날짐승들의 폭식투쟁은 쿠데타의 정기로 시민광장을 유린한다. 그러니 세월호 참사는 자각하지 못했을 뿐, 한국 사회에서 일상적으로 반복되는 낯설지 않은 사건의 집합체다. 4·16이 참사인 까닭은 세월호가 예외적 상태가 아니라 일상적 상황이라는 데 있다.

세월호 참사는 사고가 아니라 범죄다.[15] 뜻밖에 터진 불행한 사고라면 아무리 참혹한 비극이라도 눈물과 위로로 서로를 감싸며 견뎌야 한다. 하지만 세월호 희생자는 운이 나빠서 칠흑 같은 어둠 속에 버려진 것이 아니라 잔인하고 무자비한 세력에 의해 살해된 것이다. 그러니 깊은 슬픔의 계곡에서도 살인의 주범을 찾아야 한다. 선주, 선장, 선원의 죄를 묻는 것은 당연하지만 부차적이다. 명예는커녕 최소한의 자존심도 지킬 수 없는 그들의 처지를 이용해 살인을 교사한 진짜 범죄자를 찾는 것이 우선이다. ① 승선원의 생명이 아니라 선령 연장을 위해 관료를 매수해 온 해운조합 업체들, ② 기업 성장이 국민 행복이라며 해운법까지 고쳐 운행기한을 30년으로 늘린 정부, ③ 기업과 정부의 더러운 유착하에서 안전관리 명목으로 사리사욕을 챙겨 온 운항 관리감독자들, ④ 실종자 구조보다 무능한 정권 구조에 집중한 해양경찰청, 그리고 ⑤ 이들의 공모와 치죄를 모르쇠하며 활극을 벌이는

---

14. 나익주는 희생자 유가족들에 대한 인식이 피해자에서 탐욕자로 옮겨 가게 되는 과정을 프레임(frame) 이론을 통해 설득력 있게 보여 주고 있다. 나익주(2015), 『프레임의 덫에 걸린 '세월호'』, 『문화과학』 봄호 참조.

15. 아래 내용의 일부는 박구용(2014), 「시민사회가 출구다」, 『한겨레』(5. 21), A14면의 내용을 수정 보완한 것임.

검경합동수사본부까지, 곳곳에 공범자들의 악취가 풍겼다.

이 공모살인자들의 범죄 사실이 낱낱이 밝혀지는 날은 오지 않을 듯하다. 눈물의 바다로 심장이 떠내려가는 고통을 견뎌야 할 유족들 앞에 아무것도 하지 못한 수치심을 어떻게 새겨야 할까! 분노와 비탄의 강물을 지나 냉소와 우울의 바다로 흘러가는 감정이 소용돌이치며 묻는다. 바로 앞에서 침몰하는 배를 보고도, 그 속에서 죽어 가는 이들을 보고도, 생명을 잃고 몸까지 훼손되는 아이들을 보고도 왜 우리는 이토록 무기력했는가? 인류를 구원할 신처럼 권력을 독점해 온 과학기술과 자본시장, 그리고 국민국가는 도대체 무엇을 했는가?

두 차례의 세계대전 이후 사람들은 과학기술이 생산적인 만큼 파괴적이라는 것을 의식하기 시작했다. 하지만 여전히 많은 이들은 과학기술 자체가 아니라 그것의 오용과 변질이 파괴의 원인이라고 생각한다. 로봇은 사람을 죽이는 전쟁에 동원될 수도 있지만 생명을 구하는 안전요원이 될 수도 있다는 것이다. 광범위하게 퍼져 있는 이런 양자택일의 논리는 양자 모두 반드시 현실이 된다는 사실을 망각한다. 더구나 과학기술이 확실성의 토대 위에서 예측 가능한 진리를 찾아가던 시대는 오래전에 끝났다. 헤아릴 수 없이 세분화되고 전문화된 현대 과학기술의 복잡한 발전은 인류를 예측할 수 없는 불확실한 미래로 몰아넣고 있다. 건설과 파괴의 경계에서 상상조차 불가능한 위험을 키우고 있는 것이다. 그 때문에 돈이 아니라 사람을 위한 과학기술, 죽음이 아니라 생명을 위한 과학기술의 발전을 위해 그것의 방향을 바로잡고 규제할 사회적 합의가 있어야 한다. 팽목항에서 목격한 것처럼 경제성장의 볼모로 자본의 노예가 된 과학기술은 무기력한 살생 무기일 뿐이다.

자본시장은 과학기술의 배후에서 그것의 환상을 조작해 낸다. 과학기술 신봉자들은 대개 시장을 무한 신뢰한다. 콩트A. Comte 같은 과학주의자는 실제로 순수한 물신 숭배자였다. 요즘 같으면 돈을 신처럼 모신 것이다. 이들의 대부라 할 수 있는 스미스A. Smith는 한 나라의 경제적 부가 시장의 자유에 달렸다고 외친다. 이익을 키우며 처지를 개선하려는 인간의 원초적 욕망이 시장에서 자유롭게 부딪히도록 보장하면 '보이지 않는 손invisible hand'에 의해 분업이 촉진되고 교환이 늘어나면서 노동생산성이 높아지고 자본이 축적된다는 것이다. 이 나라에서 종북 낙인을 피하려면 저런 고전적 시장주의조차 비판해선 안 된다. 어쨌거나 이기심의 자유를 최대한 보장하면 자연스럽게 공공의 이익을 증진시킨다는 시장의 보이지 않는 손을 믿으라는 것은 어떤 특정 종교의 신을 믿으라는 강압보다 더 위압적이다. 손이 신이다.[16]

스미스는 정의와 도덕조차 보이지 않는 신에 의해 조화롭게 된다는, 일명 '예정조화론'을 내세운다. 그에 따르면 독점을 막고 불평등을 줄일 수 있는 분배의 정의는 나눔의 방식이 아니라 나눌 수 있는 빵의 크기에 달려 있다. 시장에서 빵을 키우다 보면 저절로 정의가 실현된다는 것이다. 맹자孟子만큼이나 인간에 대한 신뢰가 컸던 스미스는 인간의 반사회적 이기심도 결국 신이 인간에게 부여한 자연적 공감능력에 의해 조화를 이룬다고 말한다. 이런 형태의 '예정조화론'은 스미스만이 아니라 미래를 낙관했던 서양 근대의 거의 모든 사상가들이 공유하는 이데올로기다. 자본과 시장의 힘을 지나치게 신뢰한 나머지 신처럼 떠받든 것이다. 그런데 '예정조화론'은 예나 지금이나 강자에겐 축복이지만 약자에겐 저주다.

보이지 않는 손이 시장 안에서만 행세를 한다면 그 나름 미덕이다. 그런데 이 나라에서 보이지 않는 손은 시장 바깥의 구석구석을 휘젓고 다니며 욕망을 조작하고 삶을 농락한다. 10대 경제대국이라는 꿈을 성취했건만 자본시장은 여전히 국민의 생명조차 파렴치한 이기심에 내어 준다. 그렇게 진도 앞바다에 계류된 자본은 잔인한 만큼 무기력하다. 이토록 무능한데도 신에 버금가는 권력을 향유해 왔다면 그

16. 스미스는 실제로 '보이지 않는 손'에 대해 다음과 같이 『도덕감정론』과 『국부론』에서 각각 한 번씩 언급했을 뿐이다. "토지의 생산물은 언제나 그것이 먹여 살릴 수 있는 만큼의 주민을 유지할 뿐이다. 부자는 단지 큰 덩어리의 생산물 중에서 가장 값나가고 가장 기분 좋은 것을 선택할 뿐이다. 그들은 가난한 사람보다 별로 많이 소비하지도 못한다. 그리고 그들의 천성의 이기심과 탐욕에도 불구하고, 비록 그들이 자신만의 편의(便宜)를 생각한다고 하더라도, 또한 그들이 수천 명의 노동자를 고용해서 추구하는 유일한 목적이 그들 자신의 허영심과 만족될 수 없는 욕망의 충족에도 불구하고, 그들은 자신들의 모든 개량의 성과(成果)를 가난한 사람들과 나누어 가진다. 그들은 보이지 않는 손에 이끌려서 토지가 모든 주민들에게 똑같이 나누어졌을 경우에 있을 수 있는 것과 같은 생활필수품 분배를 하게 된다"(A. 스미스, 『도덕감정론』, 박세일·민경국 옮김, 비봉출판사, 2014, 345~346쪽). "국외의 근로보다는 국내의 근로를 유지하는 것을 선택함으로써, 그는 그저 자신의 안전만을 의도하고 있는 것이고, 또 그 근로를 그 생산물이 최대의 가치를 가지는 방법으로 방향을 부여함으로써, 그는 다만 그 자신의 이득만을 의도하고 있는 것이다. 이 경우 그는 다른 많은 경우와 마찬가지로 보이지 않는 손에 이끌려 그의 의도 속에는 전혀 없었던 목적을 추진하게 되는 셈이다"(A. 스미스, 『국부론』, 유인호 옮김, 동서문화사, 2014, 465쪽). 이 인용문에 비추어 볼 때 스미스를 시장지상주의자라고 볼 수는 없다. 이에 관해서는 서동은(2015), 「공감과 공공성의 윤리적 해석학」, 『해석학연구』 36, 1쪽 이하 참조.

에 따른 심판을 받아야 한다. 그러나 신에게, 더구나 보이지 않는 신에게 책임을 묻기란 불가능하다. 국민이 국가를 부르는 연유다.

국민국가는 사익이 충돌하는 곳에서 공익을 창출하는 권력체계다. 그래서 국민은 국가에 의한 통제와 규율을 감내한다. 우리는 실제로 대한민국의 국민 통제력이 얼마나 크고 무서운지 온몸으로 체감하며 살아왔다. 그렇게 관리감독에 능숙한 국가가 국민의 생명을 지키는 일에 이토록 무기력한 이유는 무엇인가? '대박' 운운하며 통일조차 경영 논리로 환산하는 도박의 정치에 빠졌던 당시 대통령만의 문제일까?

비상시국을 연출하며 국민을 억압해 온 독재가 끝났다고 축배를 마신 지 오래지만 이 나라는 여전히 비상상황이다. 경제성장을 빌미로 시장과 도착적으로 유착한 국가에서 사회적 약자의 일상은 평상平常이 아니라 항구적 비상非常이다. 국가 경영자를 자처하며 기업 경영자들의 보스를 자처한 대통령이 관리하는 국가는 공적이기보다 사적이다. 이런 국가는 국민이 아닌 국가의 힘과 부의 축적에만 관심을 쏟는다. 공적 정의義가 아니라 사적 이익利을 좇는 나라는 결국 소인배들의 사적 국가일 뿐이다.

이대로라면 우리는 계속해서 과학의 무기력, 시장의 무기력, 국가의 무기력 앞에서 좌절할 수밖에 없다. 세 가지 권력체계, 곧 과학, 시장, 국가의 은밀한 야합이 세월호 참사의 진범이라는 것을 끝까지 밝혀야 하는 이유다. 언젠가 이것들의 통정이 끝날 것이라고 기대해선 안 된다. 더구나 언론인, 법조인, 정치인, 그리고 뜻있는 개인들이 이것들의 내통과 담합을 지속적으로 감시하고 견제할 수 있을 것이라 믿는 것은 지나친 낭만이다. 이것들의 추악한 짬짜미를 끊을 수 있는 유일한 길은 두터운 시민사회를 형성하는 것뿐이다.

시민사회가 빈약한 나라에서 국민 개개인은 세 가지 권력체계와 맞짱을 떠야 한다. 하지만 이들 권력체계는 그것을 전면적으로 부정하는 개인의 급진적 주장조차 그 체계를 공고히 하는 자양분으로 이용할 만큼 막강하다. 그러니 국가 구성원인 국민 개개인으로서가 아니라 사회 구성원인 시민으로서 서로 연대하며 단체를 결성하고 후원해야 한다. 시민단체의 수가 늘고 회비를 내는 회원의 수가 많아져야만 권력체계에 의해 식민화된 시민의 삶과 생명을 되찾을 수 있다. 여객선 224척, 화물선 793척, 유조선 734척이 있다지만 지금 이 나라엔 선주와 해수부 관료의 유착을 감시할 단 하나의 시민단체도 없다.

대통령을 심판하기에 앞서 시민들 스스로 하나의 시민단체라도 후원하고 있는지 자문해야 한다. 과학기술, 자본시장, 국가행정을 단속하면서 보건의료, 교육연구, 문화예술, 언론출판의 공공성을 지켜 줄 시민단체가 거의 없는 지금 같은 상황에서 우리의 미래는 번지르르한 비참과 가련한 안락에서 벗어날 수 없다. 사람 잡아먹으며 눈물 흘리는 악어를 믿어선 안 된다. 악어의 눈물은 먹이를 삼키기 좋게 수분을 내보내기 위함이지 먹잇감을 위로하려는 것이 아니다.

"아빠! 배가 기울고 컨테이너가 떠다녀!" 급박한 상황에서 딸의 목소리를 들은 한 아버지가 "당장 친구들과 갑판으로 올라가!"라고 외

쳤다. 아버지의 외마디에 전화를 건 딸과 그 친구들은 배를 탈출해 목숨을 건졌다. 국민을 향해 박근혜 대통령이 외쳤다. "나라를 완전히 뜯어고치겠습니다. 현재 위치에서 절대 이동하지 마시고 대기해 주십시오." 이 나라 선장의 말이 무섭다고 우리가 배에서 뛰어내릴 수는 없었다. 뛰어내릴 수 없었던 절박함에서 촛불혁명이 시작되었고 성공했다. 그러나 아직 우리는 과학, 시장, 국가의 야합을 감시하고 신문할 수 있는 두터운 시민사회를 형성하지 못했다. 우리는 여전히 안전이 보장되지 않은 배 안에 있다. 태극기가 바람에 삐딱하게 흔들리는 배는 언제 다시 좌초될지 알 수 없다.

피해자만 있고 가해자가 없다

시민사회는 사회적 참사의 끝없는 회기에서 벗어날 수 있는 유일한 출구이자 비상구다. 이 비상구의 문턱에서 범죄자를 신문하기에 앞서 시민들 스스로 다시 물어야 한다. 누가 문제인가? 우선 피해자 의식을 버리고 거꾸로 가해자로서 반성 의식을 가져야 한다. 피해자 의식에 사로잡혀서는 문제의 뿌리에 접근하지 못한다. 사력을 다해 추모의 행렬에 동참하면서도 제 자식 성적에 우쭐대는 태도로는 참사의 원인조차 바로 알 수 없다. 물론 개개인의 모순된 행동 자체를 나무랄 필요는 없다. 다만 가해자로서 자기반성을 수행하는 사람은 자신의 사회적 처지에 합당한 자기의식을 갖기 위해 노력할 것이고, 그 과정에서 내 자식의 성공만이 아니라 모든 학생들이 인간다운 삶을 향유할 수 있는 학교를 만들기 위해 노력할 것이다.

가해자라는 반성 의식을 가지고 이제 무엇이 문제인가를 물어야 한다. 이 땅에는 국가와 개인만 있지 사회가 없으며, 그 때문에 사회 구성원을 가리키는 시민도 없다. 국가(나라와 가족)는 도대체 어디에 있느냐고 외쳐 보지만, 우리가 생각하는 국가는 이 세상 어디에도 없다. 사회와 시민이 없는 국가는 국민을 통제하는 통치체계일 뿐이다. 시민들이 사회에서 뜻을 모아 국가를 통제했을 때에만 우리가 원하는 국가, 국민에 의한, 국민을 위한 국가가 탄생한다. 그러니 그런 국가를 만들려면 국가권력보다 사회권력에 관심을 갖는 시민이 되어야 한다. 국가 부재는 사회와 시민, 곧 시민사회의 부재였던 것이다.

4·16 이후 우리의 질문은 바뀌어야 한다. "국가는 어디에 있었습니까?"를 묻기에 앞서 "우리는 시민사회를 형성하기 위해 무엇을 했습니까, 나는 시민사회를 만들어 가는 시민이었습니까?"를 물어야 한다. 나는 과학기술과 자본시장, 국민국가의 야합을 막고, 시민사회의 시선으로 이 권력들이 바람직한 방향으로 발전할 수 있도록 공적 담론을 형성하는 단 하나의 시민단체라도 후원하고 있는지를 물어야 한다.

그런데 사회적 재난의 출구로서 시민사회가 어떤 의미지평을 갖는지는 확정하기 어렵다. 시민이란 말도 어렵지만 사회란 말 또한 개념적으로 규정하는 것이 불가능에 가깝다. 어떤 이는 집회를, 또 어떤 이는 단체를 가리키는 말로 쓴다. 중국 고전에서 전해 오는 사회라는 말의 뜻이 큰 변이에도 불구하고 생명을 유지하고 있는 셈이다. 이처럼 두 사람 이상의 집단을 가리키는 집합개념으로 사회가 널리 유포되어 있긴 하지만, 그와 달리 세상이나 세계와 비슷한 의미로 (탈)성장사회, 피로사회, 소비사회, 위험사회, 창조사회, 정의사회, 녹색사회라는 표현을 쓰기도 하고, 경우에 따라서는 사회국가, 사회주의, 사회복지, 사회민주주의, 사회권, 사회권력, 사회적 기업, 사회적 협동조합에서와 같은 공공성의 강화라는 이념적 기대지평을 대변하는 말로 쓰기도 한다. 적어도 『독립신문』 이후 이 땅에서 의미지평이 넓어진 개념사를 고려하면서 가장 포괄적인 방식으로 정의를 시도해 보면 사회는 자유로운 인격체들이 만나서 소통하며 연대하는 가운데 생활 형식과 내용을 형성하고 해체하는 크고 작은 집합체다.

나라마다 공론을 가지고 백셩를 ᄒᆞᄂᆞᆫᄃᆡ 대한은 공론ᄒᆞᄂᆞᆫ 사롬들이 업ᄂᆞᆫ 고로 정부에셔 세상 공론이 엇더ᄒᆞᆫ지 알 슈도 업고 또 공론이라 ᄒᆞᄂᆞᆫ 거슨 공변되여야 공론이어ᄂᆞᆯ… 나라마다 인민들이 모히ᄂᆞᆫ 쳐쇼가 잇셔 여럿이 규칙 잇게 모혀 졍뎨ᄒᆞ게 만ᄉᆞ를 토론ᄒᆞ야 좌우편 이약이를 다 드른 뒤에 쟉뎡ᄒᆞᆫ 의론이 공론이라. … 나라 마다 각색 회가 잇셔 회에셔 규칙 잇게 의론ᄒᆞ야 쟉뎡ᄒᆞᆫ 일은 대개 공변될 밧긔 슈가 업고….[17]

사회가 크기에 관계없이 자율적 개인인 시민들이 형성한 집합체라고 한다면, 시민이 공론 영역에서 공공성과 의사소통적 권력을 형성하는 곳이 바로 시민사회다. 이 경우 시민이 더 이상 상인이나 부르주아가 아니듯 사회도 회사가 아니다. 물론 아직도 많은 이들이 사회를 회사와 혼동하는 경우가 많다. 이 중 가장 큰 세력은 사회를 회사화하려는 자유지상주의자들이지만, 거꾸로 사회가 회사의 노예 상태에서 벗어날 수 없다는 비관주의적 관점으로 사회비판을 극단으로 밀고 나가는 사람들도 있다. 이들과 거리를 취하면서 시민사회의 규범적 정당화를 시도하는 하버마스J. Habermas는 잘 알려진 것처럼 2단계 사회이론을 제시한다. 그는 사회를 국가행정과 자본시장의 체계와 생활세계로 나누고, 생활세계에서 형성된 의사소통적 권력이 법이라는 필터(매체)를 통해서 체계를 규제할 수 있어야 한다고 말한다. 하지만 그의 진단처럼 오늘날 대부분의 나라에서 체계에 의한 생활세계의 내적 식민화가 가속화되고 있다. 곧 자율적으로 공적 의견과 의지를 형성할 수 있는 시민은 사라지고, 국가행정과 자본시장의 논리에 따라 조작된 사적 욕망에 사로잡힌 원자적 개인만 넘쳐난다.

헤겔G. W. F. Hegel이 진단한 것처럼 어쩌면 오늘날 사회는 회사처럼 사적 욕망의 각축장으로 변질된 시민사회, 곧 도덕적으로 천박한 사회가 되었는지 모른다. 국가행정 권력과 자본시장 권력의 야합이 세월

17.『독립신문』 1898년 2월 24일 자.

호를 야기했지만 사람들은 여전히 시민사회를 튼튼하게 구성하는 시민의 길이 아니라 국가를 질타하며 자신을 피해자로 규정하는 국민의 길을 가고 있다. 하지만 이런 방식으로 시민사회를 형성하지 못한 이 땅의 국민은 세월호의 피해자가 아니라 가해자다. 사적 개인의 조작된 욕망의 눈빛과 그 눈빛을 조작하며 권력을 확장하는 시장과 국가는 시민의 안식처인 사회를 파괴한다. 시민사회가 파괴될수록 국가와 시장은 개인에 대한 권력을 강화할 수 있다. 시민사회가 없는 국가에서 개인은 가족 이외에 그 어떤 곳에서도 아름다운 삶을 상상할 수 없다. 아니 가족조차 해체될 수밖에 없는 현실에서 개인은 시장의 기준과 논리에 따라 규율되는 상태, 곧 초자아와 이드가 도착적으로 화해된 상태에서 실재에 대한 열망에 사로잡힌다. 지금 여기의 실재는 바로 돈이다.

개인과 국가, 가족과 시장만 있는 곳에서 개인은 돈의 논리에 따라 지배당할 수밖에 없다. 온종일 계산에 빠져 자유로운 사유의 시간도, 공동의 삶을 구성하고 조율하는 아름다운 시간도 빼앗긴다. 살아 있는 것과 함께할 수 있는 힘을 빼앗긴 현대인은 이런 방식으로 죽어 있는 공간의 죽어 있는 건물, 그리고 그 속에 돈을 키우는 방식으로 너와 내가 함께 만나는 빈-사이, 곧 공간도 빼앗긴다. 자율적으로 시간과 공간을 재구성하고 상호 주관적 의사소통을 통해 공적 담론을 키우는 시민과 시민사회를 외치는 소리는 크지만 그들의 실재를 경험하는 것은 그만큼 어렵다.

담론 자원의 불평등 구조가 근본적인 문제지만 사회, 곧 시민사회를 통해 아름다운 미래를 구성하려는 시민이 줄어드는 것이 더 큰 문제다. 하지만 "일 개인이 합하여 사회를 이루고 사회가 합하여 국가를 이룬다"는 꿈, "사회라는 것은 보종보국保種保國의 기초이며 개명진보開明進步의 기관이라"던 선배들의 꿈이 사라진 것은 아니다.[18] 더구나 3월 독립운동, 4월 시민혁명, 5월 민중항쟁, 6월 민주혁명, 그리고 촛불혁명의 정신이 소진된 것도 아니다. 그러니 세월호의 철학적 호명은 '없지만 있는 그곳'을 상상하는 교육에서 시작해야 한다. 이 상상은 나 자신이 피해자가 아니라 가해자라는 생각이 있어야 가능하다.

가면은 스스로 벗지 않는다

고발인 앞에서 세월호 참사의 진실은 드러나지 않는다. 고발인 앞에서 (0)은 나타나지 않는다. 말도 하지 않고 소리도 지르지 않는다. 그들은 피고인 앞에서만 말을 한다. 겉으로 보면 개인들은 무죄다. 유죄는 국가권력, 자본시장, 과학기술로 권력을 휘두르는 자들이다. 우리는 몇몇 선장과 선원, 유병언 일가와 일부 고위관료들, 그리고 권력의 정점인 대통령을 법정에 세웠다. 하지만 국가권력, 자본시장, 과학기술

18.『대한매일신보』1906년 6월 21일 자/4월 4일 자.

자체를 법정에 세우려고 하지 않았다. 이 법정이 열리면 우리 자신이 고발인에서 피고인으로 뒤바뀌기 때문이다. 법정에서 고발자인 우리는 수시로 (0)을 소환할 것이다. (0)과 (0)의 가상적 경험은 고발의 정당성을 입증하는 참고(인)로 전락할 것이다.

고발자로서 지위를 유지하는 동안 나는 흔들리지 않는다. 그러나 신문하고 심판하던 자가 갑자기 신문을 당할 때 충격은 생각보다 크다. 더구나 가해자가 아니니 피고인이 될 수 없다고 확신하는 사람에게 충격은 더 크다. 그런 사람은 절대로 고발인이나 심판자의 지위를 내려놓지 않는다. 충격은 끔찍하다. 왜냐하면 이 충격은 단순히 물리적인 것도 아닐 뿐만 아니라 일시적인 것도 아니기 때문이다. 충격은 내가 가장 오랫동안 사랑하고 존경하는 사람들이 가르쳐 준 익숙한 지식체계와의 결별을 의미한다. 충격은 곧 나와 나를 갈라놓는다. 더구나 이 분열에 나 자신이 책임이 없다면, 그곳에서 벗어날 길도 없다. 내가 저지른 범죄가 아니지만 나를 피고인으로 만드는 원죄는 결코 사라지지 않는다.

선택할 때가 임박했다. 원죄를 부정할 수 있다. 내가 저지른 범죄가 아니라고, 오히려 나는 피해자라고 강변하는 것이다. 그리고 내가 생각하는 실제의 가해자를 준엄하게 심판하는 일에 열정을 쏟는다. 그렇게 사건은 머지않아 종결된다. 아니 어쩌면 종결되었을지도 모른다. 내가, 우리가 고발한 자들의 비열함과 가증스러움은 충분히 폭로되었다. 이제 나와 우리는 밝은 세상으로 귀환한다. 그리고 세월호와 (0)은 영원한 어둠 속에 갇힌다. 이런 방식으로 나와 우리는 세월호에 거짓과 조롱의 가면을 씌워 온 적들과의 싸움에서 패배한다. 패배가 두려울 것은 없다. 문제는 이 패배 때문에 적들에게 다시 (0)의 생명이 맡겨진다는 것이다.

저들이 씌운 가면은 저절로 벗겨지지 않는다. 저들은 더 많은 가면을 씌울 것이다. 그렇게 켜켜이 씌워진 가면을 한 번에 다 제거할 수는 없다. "갈대를 너무 세게 구부리면 부서진다. 너무 많이 원하는 자는 아무것도 원하지 않는 자이다."[19] 따라서 조금 원하고 많이 실천할 수 있는 길을 찾아야 한다. 아무리 현실이 비관적이라고 해도 냉소에 빠져서는 안 된다. 적당히 타협하는 길을 찾아서도 안 된다. 대안 없이 비판하지 말라는 권력자의 언어에 주눅 들 필요도 없다. 아도르노Th. W. Adorno의 말처럼 진정한 비판은 대안을 생각하며 긍정할 현실을 떠올리는 것이 아니라 부정적인 것을 그것이 사라질 때까지 부정하는 것이다. 이론적으로는 염세적인 엄밀성을 견지하더라도 실천적으로 낙관적 태도를 가져야 한다. 영혼이 살아 있는 동안 세월호의 날이미지는 (0)을 대신해서 우리에게 계속해서 유죄판결을 내릴 것이다. 유죄의식을 가지고 우리는 목포항 철제 부두 앞에 거치된 〈세월호a〉를 만나야 한다.

〈세월호a〉는 더 이상 세월호가 아니다. 〈세월호a〉는 글라우코스

---

19. I. Kant(1983), "Zum ewigen Frieden", in: W. Weischedel(Hg.), Kants Werke Bd. IX, p. 225.

Glaucus의 조각상처럼 처참하게 훼손되었다.[20] 〈세월호a〉는 바다를 항해하는 배라기보다는 거대한 괴물처럼 우리 앞에 서 있다. 〈세월호a〉는 바닷속 심연에서 세상이 가한 폭력을 몸체에 기록했다. 〈세월호〉를 침몰시킨 한국 사회는 갖가지 가면과 장막을 씌워 가며 그것이 풀려나지 않도록 온갖 쇠사슬과 밧줄을 동원해서 동여맸다. 추잡한 권력의지들이 끝없이 충돌하고 부딪혔다. 진실은 부서져 조각들로 흩어지고 먼지가 되어 날아가 버렸다. 이렇게 진실은 사라졌다. 그렇다고 완전히 사라진 것은 아니다. 알아볼 수 없을 정도로 상처 입은 진실이 〈세월호a〉로 나타났다.

〈세월호a〉가 목포항에서 새로운 항해를 시작했다. 새로운 항해가 아니라 처음 하는 항해이고 가장 순수하고 낯선 항해다. 〈세월호a〉는 실제가 아니라 외관의 배이다. 바다로 갈 수 없는 배다. 따라서 어느 누구도 〈세월호a〉를 조정할 수 없다. 〈세월호a〉는 조정되지 않을 뿐만 아니라 대상화될 수도 없다. 만약 누군가 〈세월호a〉를 훼손할 수 있다면, 그는 교회의 예수와 사찰의 부처 그림에서, 혹은 사망한 부모의 사진에서 눈을 칼로 도려내는 것과 같은 행위를 하는 것이다. 물론 그런 이들이 있을 것이다. 그들의 파괴 행위로부터 〈세월호a〉와 그 속에서

---

20. 글라우코스에 대한 이야기는 플라톤의 『국가』(X, 611)에 묘사되어 있다. "시간과 바다와 폭풍우로 인해 굉장히 훼손되었기에 신이라기보다는 야수를 닮게 된 글라우코스 조각상처럼, 사회 내부에서 인간의 마음은 수만 가지 원인이 끊임없이 되풀이되기 때문에, 수많은 지식과 오류를 얻었기 때문에, 신체 구조에 변화가 일어났기 때문에, 끊임없이 정념들이 충돌하기 때문에 변해 버리고 말아, 말하자면 '거의 알아볼 수 없을' 지경까지 '외관을 바꿨다.'"

우리를 부르는 (0)의 안전을 지키기 위해 저들과의 싸움에서 결코 물러서선 안 된다.

많은 사람들이 '세월호 침몰은 지나간 일'이라고 말하고 있다. 야속한 일이지만 세월호만큼이나 충격적이었던 사건들이 그렇게 묻히고 사라졌다. 다른 사람은 다 잊는다 해도 이대로 끝낼 수 없는 사람들이 있다. 미지 아버지는 그걸 딸과의 약속으로 여긴다. 절대로 깰 수 없는 마지막 약속이라 다짐한다.[21]

딸과의 약속을 지키려는 시민들이 줄어들고 있다. 하지만 '광주세월호시민상주모임'처럼 지금도 '약속의 꽃'을 학생들과 함께 그리고 전시하는 사람들도 많다. 이들에게 잊지 않겠다는 4·16의 약속을 지키는 것은 5·18의 뜻을 이어 가는 활동이기도 하다. 국가 폭력과 국가 부재의 희생자들을 지키기 위해서 그들은 오늘도 팽목항, 목포항으로 함께 걷는다.

---

21. 4·16 세월호 참사 시민기록위원회 작가기록단(2015), 『240일간의 세월호 유가족 육성기록: 금요일엔 돌아오렴』, 창비, 63쪽.

| 참고 문헌

- 4·16 세월호 참사 시민기록위원회 작가기록단(2015).『240일간의 세월호 유가족 육성기록: 금요일엔 돌아오렴』. 창비.
- 김영욱·함승경(2015).「세월호 침몰은 참사인가? 사고인가? 비판적 담론분석(CDA)을 적용한 세월호 담론 경쟁」.『홍보학연구』19(4).
- 나익주(2015).「프레임의 덫에 걸린 '세월호'」.『문화과학』봄호.
- 『대한매일신보』1906년 6월 21일 자/4월 4일 자.
- 『독립신문』1898년 2월 24일 자.
- 루소, J. J.(2007).『에밀 또는 교육론 2』. 이용철 옮김. 한길사.
- 루소, J. J.(2012).『인간불평등 기원론/사회계약론』. 최석기 옮김. 동서문화사.
- 미첼, W. J. T.(2016).『그림은 무엇을 원하는가: 이미지의 삶과 사랑』. 김전유경 옮김. 그린비.
- 박구용(2014).「시민사회가 출구다」.『한겨레』(5. 21). A14면.
- 서동은(2015).「공감과 공공성의 윤리적 해석학」.『해석학연구』36.
- 스미스, A.(2014).『국부론』, 유인호 옮김, 동서문화사.
- 스미스, A.(2014),『도덕감정론』, 박세일·민경국 옮김. 비봉출판사.
- 오규원(2005).『날이미지와 시』. 문학과지성사.
- 정권규(2014).「시민성 교육의 관점에서 본 세월호 참사의 원인과 대책」.『사회과학과교육』17.
- 최종철(2018).「세월호의 귀환, 그 이미지가 원하는 것」.『미학예술연구』55.
- 하상복(2015).「세월호 참사와 한국 사회」.『기억과 전망』3.
- Barthes, R.(1981). Camera Lucida: Reflections on Photography. New York: Hill and Wang.
- Benjamin, W. "Über den Begriff der Geschichte", in: Gesammelte Schriften I-2, R. Tiedermann u. a.(Hg.). Ffm.: Suhrkamp. 1974(최성만 옮김.「역사의 개념에 대하여」.『발터 벤야민 선집 5』. 길. 2008).

- Kant, I.(1983). "Zum ewigen Frieden", in: W. Weischedel(Hg.). Kants Werke Bd. IX.
- Sontag, S.(1977). On Photography. New York: Dell Pub. Co.

세월호 이후의 사회전환 과제

이택광 • 경희대학교 글로벌커뮤니케이션학부 교수

슬픔은 무엇인가를 상실한 감정이다. 슬픔의 감정은 애도와 멜랑콜리로 나뉜다고 한다. 애도는 상실의 대상과 자신을 분리시키는 과정이지만 멜랑콜리는 그 분리가 제대로 일어나지 않을 때 발생한다. '슬픔의 힘'은 바로 이 멜랑콜리에 있다. 상실의 감정을 끝까지 밀어붙이는 재현 불가능한 힘. 2014년 4월 16일에 일어난 하나의 사건은 그렇게 사라지지 않는 공백으로 얼룩처럼 남아 있게 된 것이다.

돌이켜 보면, 세월호 참사는 단순한 여객선 사고에 그치지 않고 국가에 대한 질문을 정면에서 제기하는 사건이었다. 국가에 대한 요청을 실현하겠다고 약속했던 '독재자의 딸' 박근혜의 정부가 실질적으로 무능하고 아무런 기능을 하지 않는 정부라는 것이 밝혀진 계기였다. 2012년 집권 당시만 해도 마법의 주문처럼 들렸던 박근혜라는 이름은 모든 문제를 해결할 수 있는 만능의 열쇠처럼 보였다. 그러나 이 만능의 열쇠는 전혀 작동하지 않았다.

어떤 이들에게 세월호 참사는 청해진해운과 선장의 잘못으로 비쳤을 것이다. 안전규정을 무시하고 점검을 소홀히 했기 때문에 참사에 대한 직접적 원인 제공을 한 사실을 무시할 수 없다. 그러나 이미 많은 이들이 공통적으로 지적했듯이, 단순 사고로 끝날 수도 있었을 상황이 참사로 번져 갔던 것은 해경을 비롯한 국가의 부실 대응으로 인한 것이었다. 따라서 세월호 참사가 사고의 책임을 따지는 상황에서 국가의 의미를 묻는 상황으로 확대되는 것은 당연한 수순이었다. 자연스럽게 '국민'이 대통령을 넘어 국가를 호출하는 과정이 뒤따랐던 것이다. 말하자면 재난이 정치의 영역으로 넘어오게 된 것이다.

사고 당시에 세월호 참사의 원인을 진단하는 왈가왈부가 있었다. 촛불 이전이었고, 숱한 기만과 허위가 대통령이라는 무소불위의 장막 너머에서 꿈틀대고 있었다. 텔레비전에 등장한 '눈물 흘리는' 대통령은 세월호 참사의 원인으로 '적폐'를 지목했다. 이런 문제의식은 정부의 부실 대응을 야기한 원인으로 한국의 전근대성을 지목하는 목소리와 묘하게도 화음을 이룬다. 이런 논리에 따르면 '적폐'는 비정상적인 것이고, 이것을 정상화하는 것이 이른바 국정기조인 것인데, 말할 것도 없이 비정상의 정상화가 전제하는 것은 전근대성을 타파하는 정상국가의 완성을 의미한다.

텔레비전으로 생중계되고 있는 구조 현장을 보면서 한국의 후진성을 새삼 실감했다는 '증언들'이 인터넷 게시판과 SNS 상에 쏟아져 나온 것이나 "이것이 국가인가"라는 개탄이 언론을 뒤덮은 것은 무엇을 말해 주는 것일까. 경제 규모에서 선진국 대열에 진입했는데, 그에 걸맞은 국가의 꼴이 갖춰져 있지 않다는 자각이 모두에게 충격으로 다가온 것이라고 볼 수 있겠다.

선진국이라는 표현의 뉘앙스에 이미 담겨 있는 의미가 바로 비정상의 정상화이다. 후진국 또는 비정상적인 국가를 발전시켜서 선진국 또는 정상적인 국가로 가야 한다는 발상이 이 말에 감춰져 있다. 이 말만 놓고 보면 한국의 전근대성을 세월호 참사의 원인으로 지목한다는 점에서 정치적 차이는 크게 중요하지 않은 것처럼 보인다. 적어도 선진국이라면 발생할 수 없는 참사라는 논리가 정치적 입장을 떠나 광범위한 지지를 얻었다는 것은 의미심장하다. 사실은 같은 주장을 하고 있음에도 전근대성의 책임 소재를 각자 유리한 대로 따져 묻고 있는 것을 어떻게 받아들여야 할까. 아마 이 문제의 정점에 '해경 해체'라는 황당한 해결책을 내놓은 대통령의 대국민담화가 있을 것이다. 비정상의 정상화를 위해서 부정부패로 썩어 문드러진 감염 부위를 도려내야 한다는 위생학적인 상상력이 이런 해결책을 내놓은 것이리라.

이런 논리가 가능한 까닭은 공동체를 구성하는 과정이 바로 면역성을 만들어 내는 계기이기도 하기 때문이다. 공동체는 이권보다도 증여를 통한 호혜평등의 원칙으로 작동한다. 이런 상호주의를 지탱하는 것이 위기나 위험으로부터 공동체를 안전하게 지키려는 면역성이다. 세월호 참사에서 확인할 수 있었던 안전에 대한 열망은 바로 이런 공동체와 면역성의 상관관계에서 발생한 것이다. 그러나 '내 가족'을 위한 면역성이 지나치게 강하면 공동체가 위협받듯이, 특정 집단의 안전만을 강조한다면, 지금 우리가 목격하고 있는 것처럼 자신들의 권력만을 지키려는 경향이 노골화할 수밖에 없다.

지금에야 드러나고 확실하게 드러나고 있지만, 당시에 박근혜 정부가 보여 줬던 태도나 세월호 참사를 둘러싼 다양한 문제점은 한국이 전근대성을 벗어나지 못했기에 일어나는 현상이 아니다. 오히려 세월호 참사는 그 어디보다도 한국의 자본주의가 극단으로 치달았기 때문에 발생한 문제였다. 당장 선령 제한을 해제하고 증축에 증축을 거듭한 세월호야말로 이윤추구의 막장을 보여 주고 있지 않은가. 이윤추구의 문제는 분배와 더불어 생산의 문제이기도 하다. 한국은 불평등의 문제를 분배에 국한해서 생각하는 경향이 있는데, 엄연히 생산의 영역에서 작동하는 '경쟁'이라는 규범적 강제가 있다. 자본주의는 기본적으로 경쟁이다. 노동조건을 악화시키는 저임금과 노동시간의 강화가 경쟁력을 높이는 수단이다. 세월호 참사에서 드러났지만 결코 가시화하지 못했던 비정규직 노동자의 존재야말로 전 국민적 애도에 가려진 한국 자본주의의 실상이다.

선장이나 유병언 일가의 뻔뻔함은 이 때문에 가능하다. 자본의 입장에서 보면 이들은 최대의 이윤을 추구했을 뿐이다. 이것이 자본주의의 '합리성'이고, 삶을 구성하는 규범이다. 세월호는 전근대적인 시스템의 산물이 아니라, 이런 자본주의의 '합리성'이 순수한 상태로 완성된 결과물이었다. 이 '순수한 합리성'에 살아가는 방식을 맞추는 것을 '미덕'이라고 불러 온 곳이 한국이다. 따라서 사고의 원인을 '적폐'나 부정부패 같은 도덕성의 문제로 치환하는 것은 문제의 본질을 놓치는 것이다. 이런 참사가 개인의 도덕성 문제라고 한다면, 지금 정부가 이야기하는 것처럼 세월호 선장을 살인자로 규정하고 유병언 일가를 일망타진하면 될 일이다. 그러나 과연 그렇다고 장담할 수 있을까. 역설적으로 세월호의 '적폐'야말로 전근대성이라기보다 자본주의의 보편성을 의미하는 것이 아닐까.

이른바 전근대성과 관계없어 보이는 선진국에서 일어난 수많은 대형 참사들을 어렵지 않게 목격할 수 있다. 영국의 셰필드 힐스보로 축구장 붕괴사고나 런던 패딩턴 열차 사고를 전근대성과 연결하기는 쉽지 않다. 노르웨이에서 일어났던 총기 테러 사건의 원인이 전근대성이라고 주장할 이들은 없을 것이다. 미국은 또 어떤가. 카타리나 태풍으로 엄청난 사상자를 낸 뉴올리언스 참사가 있었다. 따라서 충분히 근대화된 국가라고 하더라도 대형 참사는 언제든지 일어날 수 있다. 문제는 그 참사에 적절하게 대처하는 정부의 능력일 것이다.

이런 능력을 효율성과 동일시했던 것이 한국의 역대 정부 모두에서 확인할 수 있는 공통점이었다. 이때 말하는 효율성이라는 것은 적은 비용으로 높은 효과를 발휘하는 이윤추구의 논리에 지나지 않았다. 언제 발생할지도 모를 재난에 대비해서 막대한 국가예산을 낭비할 것이 아니라, 비용을 민간에게 넘기면서 상생하는 길을 찾아야 한다는 민영화의 논리가 그럴듯하게 들리는 지점이다. 예산을 적게 쓰는 '작은 정부'가 효율적이고 좋은 정부라는 암묵적 합의가 있었다. 시민사회에 대한 정치적 부담을 외면할 수 없었던 이른바 진보 정부마저 이런 합의에서 자유롭지 못했다.

자본주의의 핵심 동력은 이윤의 무한 추구에 있다. 정부는 이런 자본주의의 법칙을 진리로 받아들이고 위배하지 말아야 한다는 것이 이른바 신자유주의라고 불리는 사고방식이었다. 신자유주의의 문제점에 대해 2008년 세계금융위기 이후 수많은 경제학자들이 지적했다는 사실을 상기해 보자. 『21세기 자본론』에서 토마 피케티도 동의했듯이, 자신만만하게 신자유주의가 주창했던 방식으로 불평등의 문제는 해소되지 않았다. 오히려 고삐 풀린 자본주의는 빈익빈 부익부 현상을 더욱 부채질하는 한편으로, 열심히 노력하면 너도나도 부자가 될 수 있다는 환상을 부추겼다. 한때 우리에게 부동산과 증권으로 대표되었던 거품경제는 성장 없는 자본수익률의 증가가 만들어 낸 신기루였던 것이지만, 인생 역전을 꿈꾸는 이들에게 둘도 없는 기회처럼 보였다. 한국의 경우는 어땠을까. 국가 주도로 경제성장을 추진해 왔던 근대화 과정이 말해 주듯이, 국가를 통해 자본가가 육성된 경우가 한국이다.

우리가 선진국이라고 습관적으로 부르는 서구의 근대성을 구성하는 사상의 핵심은 자유주의였다. 영국의 자유주의자들은 개인의 자유와 평등을 지키려면 사유재산이라는 물적 토대가 필요하다고 보았다. 정치권력에게 개인의 경제활동을 침해하지 않도록 만드는 자유주의의 논리는 이런 유물론을 도덕성이라는 개인의 내면과 연결시킨 결과였다. 형이상학과 유물론이 함께 있는 모순의 결과물이 자유주의이다. 그러나 한국의 경우를 보면 역설적으로 자본주의 경제의 법칙은 도덕성과 아무런 관련성을 갖지 않는다는 것을 알 수 있다. 이것을 자유주의의 관점에서 근대화가 제대로 이루어지지 않아서 그렇다고 볼 수도 있겠지만, 뒤집어 생각해 보면 자본주의와 자유주의가 아무런 관련이 없다는 사실을 말해 주는 것이기도 하다.

자유주의의 입장에서 봤을 때, 지금 한국에 결핍된 것은 도덕과 경제를 매개하는 정부의 역할일 것이다. 이 역할을 바로 세우자는 것이 정치적 입장을 떠나 확인할 수 있는 공통의 주장인 것이고, 도덕과 경제를 매개하지 않는 정부의 무능을 전근대성의 문제로 쉽게 치환할 수 있다. 그러나 자유주의는 정부의 효용성을 경제운영의 능력에서 찾는 입장일 뿐, 그 통치 기술 자체가 자본주의와 일치하지 않는다. 말하자면, 이는 자본주의 경제에 맞춰서 그 통치 기술을 정교화해야 한다는 주장으로 나아갈 수밖에 없는 것이다. 그러나 한국은 이런 통치 기술이 더 이상 자본주의 환경에서 작동하지 않는다는 사실을 입증하고 있다. 세월호는 바로 자유주의를 우회한 자본주의의 실상을 제대로 보여 주는 사례라고 할 수 있다.

자유주의와 자본주의는 일정한 긴장관계를 형성한다. 고전적 자유주의의 입장에서 자본가는 일하지 않고 사리사욕만을 채우는 탐욕의 화신이다. '정상적 자본주의'는 '신사의 사업'이다. 이 신사의 핵심 덕목은 공동선에 대한 추구에 이바지하는 것이다. 그러나 이런 자유주의의 기획은 실패했다. 세계대전과 전체주의의 등장은 자유주의와 자본주의의 불일치를 극명하게 보여 준 사건이었다. 새로운 자유주의는 개인을 규율해서 획일적으로 더 나은 사회를 이룩할 수 있다는 것을 부정한다. 나치즘과 사회주의의 실패는 이런 믿음을 태동시킨 근거였다. 새로운 자유주의, 다시 말해서 신자유주의는 자본주의의 작동 방식을 삶의 규범으로 채택해야 한다는 신념에서 출발했다. 경쟁의 법칙은 삶의 발전을 위해 필수적이다. 이것이 바로 자본주의라는 '자연'의 법칙이기 때문이다. 신자유주의는 자본주의 이외에 다른 외부를 인정하지 않는 세계관인 것이다.

역설적으로 이윤의 무한 추구를 위해서 최소의 도덕마저 소멸시킨 한국의 자본주의야말로 신자유주의가 꿈꾸어 온 자본의 운동과 삶의 원리가 하나로 조합을 이룬 최상의 기계인 것은 아닐까. 말하자면, 발전에 발전을 거듭해서 도달한 순수한 자본주의 그 자체가 한국의 실상인 것은 아닐까. 신자유주의는 이런 순수한 자본주의에 대한 신앙을 '실존적 합리성'으로 만들어 낸 신념체계이다. 각자도생해야 한다는 삶의 규범이야말로 신자유주의가 내세우는 미덕이다. 이 순수성을 다른 위협으로부터 지키기 위한 면역체계가 비대해져서 마침내 공동체의 공동선마저 붕괴시킨 것이 세월호 참사의 본질이라는 생각이 강하게 든다.

기억을 되살려서 세월호 참사를 심판하고자 했던 6·4 지방선거를 상기해 보자. 세월호 참사에 바로 이어진 이 선거에서 주목을 끌었던 것은 교육감 선거였다. 교육이라는 영역은 딱히 정치적 입장을 가릴 수 없다. 보수이더라도 진보적인 교육정책을 지지할 가능성이 있다. 진보와 보수가 격렬하게 이권으로 대립하기보다 가치로서 선택할 수 있는 공간이 열릴 수 있다. 의회정치에 근거한 이분법을 넘어서 있는 중립지대가 교육이기도 하다. 따라서 이 영역에서 유권자들이 후보를 판단하는 기준은 합리성과 전문성, 그리고 도덕성이다. 어쩌면 '정상국가'를 상상하는 유권자의 입장에서 보자면, 가장 바람직한 투표행위가 이루어질 수 있는 영역이 바로 교육감 선거였던 셈이다.

이런 까닭에 6·4 지방선거에서 교육감 선거의 결과가 가진 의미는 중요하다. 보수 양당이 교착상태에 빠져 있고, 진보 정당이 사실상 의회정치의 영역에서 배제되어 버린 상황에서 이른바 진보를 전면에 내세운 교육감들이 당선되었다는 것은 무시할 수 없는 메시지였다. 이것은 유권자들이 정치적인 입장에 근거해서 도그마적인 사고방식에 집착하지 않는다는 사실을 보여 주기 때문이다. 일부 야당 지지자들은 세월호 참사에도 '압승'하지 못했기 때문에 '패배'라고 단정하기도 했지만, 지방선거의 특성상 정치적 적대를 선명하게 드러내는 것이 용이하지 않았다는 조건을 생각한다면, 당시 세월호 참사에 따른 유권자들의 의지를 읽을 수 있었다.

촛불이 일어나기 이전에 치러졌던 지방선거에서 왜 진보 교육감 후보들이 약진했는지 다소 역설적일 수도 있었다. 진보라는 가치에 투표를 한 것이라면 진보 정당도 정당하게 주목을 받았어야 하는 것 아닌가. 그러나 진보 정당과 진보 교육감은 진보라는 수식어만 같을 뿐 전혀 다른 문제이다. 진보 정당은 기본적으로 정당이고 진보 교육감은 개인이다. 인격이나 도덕성이 구성하는 명망이라는 측면에서 진보 교육감은 비정치의 정치에 훨씬 더 적합하다. 결과적으로 진보 정당은 명망이라는 문제에서 뚜렷한 '인물'을 확보하지 못했기 때문에 배제되었던 것이다. 그렇다고 이와 같은 방식으로 이루어지는 투표행위가 진보의 가치에 대한 판단을 전제하지 않았다고 말하기는 어렵다. 진보 정당에 대한 신뢰는 없지만, 개인의 명망에 대한 지지는 여전히 존재하는 것이다. 진보의 문제도 개인으로 수렴된다는 점에서 이 모든 상황은 정당정치의 위기를 드러내는 것이라고 할 수 있다.

6·4 지방선거는 '이것이 국가인가'라는 개탄의 물음에 이어지는 윤리적 투표였다. 이런 유권자들의 결단은 정당정치를 통해 잘 드러나지 않는다. 정당정치에 대한 불신은 결코 정치 자체에 대한 포기를 의미하지 않는다. 오히려 새로운 정치에 대한 요구는 나날이 높아질 것이다. 그 요구가 윤리의 차원을 넘어서 그 윤리 자체를 재구성할 수 있을 때, 이제 식상함마저 느껴지는 그 새로운 정치는 비로소 새로운 모습을 보여 줄 것이다.

세월호를 망각으로 보내면서 '정상화'를 하고자 하는 시도들은 숱하게 있었다. 그러나 세월호의 슬픔은 지우고 싶다고 지울 수 있는 대상이 아니다. 세월호의 상실감이 부여하는 '슬픔의 힘'에 머물 수 있는 자세가 바로 용기일 것이다. 이 '슬픔의 힘'을 옮겨서 세월호 참사를 초래한 극단적 자본주의의 야만성을 저지할 수 있어야 한다. 한국의 교육이 처해 있는 문제는 이런 의미에서 근본적이다. 교육이 자본주의의 비인간성을 반성하는 계기를 제공하지 못한다면, 세월호 참사는 다시 우리에게 돌아올 것이라고 본다.

교육이 이 문제를 깊이 천착하지 못한다면, 극단적인 이윤추구를 위해서 어린 학생들의 안전을 뒷전으로 던져두는 '관행'은 여전히 먹고사니즘이라는 명분으로 미래 세대로 전승될 것이다. 그렇게 이 문제가 방치된다면, 슬픔은 슬픔으로 끝날 수밖에 없다. 우리는 이 슬픔에 빠져 있는 것이 아니라, '슬픔의 힘'을 옮길 수 있는 방도를 고민해야 한다. 그중 하나가 바로 교육이다. 세월호 참사의 원인이 무엇이고 되풀이하지 않기 위해 무엇을 해야 할 것인지 교육이 고민하지 않는다면, 미래는 크게 바뀌지 않을 것이다. 교육이 가르쳐야 할 것은 다른 무엇도 아닌 정의로운 사회가 아니겠는가.

지금 한국 사회를 지배하는 강자생존 논리야말로 지금 우리가 목격하고 있는 참담한 현실을 만들어 낸 원인이다. 우리에게 근대화라는 것은 타인보다 먼저 부를 획득해서 안정된 삶을 살아가는 것을 최상의 선이라고 생각하게 만든 조건이었다. 이런 조건에서 사회를 약육강식으로 설명하고 '강한 자'가 되어서 생존해야 한다는 것은 정언명령이었다. 여기에 짙게 깔려 있는 이데올로기가 바로 경제주의다. 무엇이든지 부만 축적할 수 있다면 용서할 수 있다는 것이 오늘날 한국을 지배하는 가치가 되어 버렸다.

정의라는 개념은 '공평무사'라는 의미를 가진다. 이런 정의는 능력주의와 무관하다. 능력에 따라 제대로 대접받는 것을 정의라고 부를 수는 없다. 능력주의를 넘어선 교육의 패러다임을 세월호의 슬픔은 우리에게 요청하고 있다. 능력을 넘어선 절대적 평등의 원리로서 이 정의라는 잣대가 필요하다는 생각이다. 능력 자체가 불평등한 조건에서 발휘되어야 한다는 현실을 바꾸는 것이 이 정의의 문제일 것이다.

교육계가 감당해야 할 '기억'의 몫
4·16교육체제를 어떻게 진전시킬 것인가?

이수광 • 경기도교육연구원 원장

'4·16'[1]은 참사 그 이상이다. 우리의 관습적 이해를 초월한다.김종

엽, 2014 한국 사회의 암묵적인 전제와 가정을 산산조각 낸 사건지주형,

2014이고 '국가가 국민을 구조하지 않은 사건'박민규, 2014이다. 이는 "'평

범한 악'에 의한 대한민국의 침몰"김우창, 2014이자, "지구의 침몰"이문영,

---

1. '세월호 참사'를 왜 '4·16'으로 명명하는가? 이 명명과 관련해서는 후지이 다케시의 견해가
   의미 있다. 후지이 다케시는 '세월호 참사'라는 고유명사화에 저항하면서 이를 온전히 기
   억하는 일의 중요성을 강조한다. '세월호'라는 고유명사를 부각시키는 것은 이 사건을 특
   정 소수의 문제로 한정하는 것이고 다른 한편으로는 망각을 조장하는 혐의가 짙다고 본
   다. 이런 점에서 '세월호'보다는 '4·16'으로 명명하길 제안한다. 우리는 세월호를 공유하지
   않았지만, 죽은 이들을 지켜보면서 느낀 우리 자신의 붕괴감, 암담한 심정, 슬픔, 분노를 공
   유했다. 이것이 바로 '4·16'이라는 것이다(후지이 다케시, 「멈춘 세월, 흐르는 시간」, 『무명
   의 말들』, 포도밭. 2019, 13-16). 실제로 참사 직후 사회 일반의 정조(情調)는 무참함, 미안
   함, 절망감. 부조리한 사회에 대한 통감 그리고 새로운 사회를 만들겠다는 각성과 결기까지
   가 포개졌다. 이 모든 것을 함축하는 의미어로서 그리고 삶에 대한 성찰과 반성을 촉구하
   는 상징어로서 '4·16'은 합당한 명명이다.

²⁰¹⁷이다.

실감되는 참사의 충격은 크고 깊다. 누군가는 슬픔을 가눌 수 없어 긴 함묵에 빠지고, 미안해서 숨 쉬기도 어려워졌고,^{함민복, 2014} 자아상도 송두리째 꺾였다.^{김영하, 2014} 또 누군가에게는 삶의 지침을 바꿔 놓을 정도로 충격적인 '생애의 사건'^{김명인, 2016}이 되었다. 그러기에 참사 직후 많은 사람들을 이어 준 공통의식은 슬픔과 분노, 그리고 새 세상을 기획하지 않으면 안 된다는 다급한 각성이었다. 이는 대개 사람들이 참사의 시민적 상속자로서 책임의식을 공유한 결과다.

참사 후 5년의 시간이 흐른 지금 시점을 짚어 보면, 4·16 이전과 그 이후가 혼재된 '과거적 현재'다. 인간 존엄이 훼손되는 것에 대한 도덕적 분노는 잦아들고 절박감에 기초했던 연대는 느슨해졌다. 대항 기억의 선명함도 흐릿해져 가는 느낌이다. 4·16 이후 새로운 사회 질서가 구축되었다고 볼 만한 근거도 충분치 않다. 예민한 관찰이겠지만, 교육계에서는 역진의 징후도 포착된다. 이런 현실을 감안하여, 이 글에서는 교육체제 전환에 대해 사고실험을 한다. 인간 존엄 교육이 구현될 수 있는 새로운 교육 질서(4·16교육체제)를 구축하기 위해서는 어떤 정책 관문을 넘어서야 하는지를 살펴본다.

4·16 이후, 교육의 질문

'4·16'은 교육과 어떤 연관성이 있는가? '4·16'이 과연 교육체제 전환을 이야기할 만큼의 결정적인 교육 사건인가? 많은 학생들의 비극적 희생이 안타깝긴 하지만, 이 사건 자체가 교육계 전반에 내축된 모순과 직접 연관된다고 할 수 있나? 그럴 만한 근거가 충분한가? '4·16'을 통해 교육을 성찰한다는 것은 과연 어떤 의미인가? 이런 질문의 핵심은 바로 '교육계가 당사자주의를 채택할 것인가'의 문제로 연결된다.

당사자주의란 교육계가 가해의식을 갖는 것이다. 이론적으로 사회적 연결 모델social connection model을 수용하는 것이다. 통상 대형 참사는 단순히 한 가지 유형의 원인을 지닌 것으로 개념화하기 어려운 일종의 복잡계다. 세월호 참사 역시 여러 요인들이 얽히고설켜 발생한 일종의 복잡계로 보는 것이 타당하다.정연구, 2016: 171 이런 점에서 교육계는 4·16의 부분적 원인이다. 그리고 교육계 종사자들에게는 부정의한 결과를 낳는 구조적 과정에 참여했다는 점에서 '공유된 책임'이 발생하게 된다.아이리스 매리언 영, 2018: 315 [2] 따라서 4·16 이후 던져야 할 질문은 교육의 구조적 암면暗面과 이로 인해 나타나는 교육 주체들의 삶의

---

2. '사회적 연결 모델'을 강조한다고 해서 참사와 직접 연관된 특정 개인이나 집단의 책임을 강조하는 '법적 책임 모델'을 배제하는 것은 아니다. 세월호 참사 직접 당사자들의 책임을 추궁하고 이들을 단죄하는 일은 진실 규명 차원에서 여전히 중요하다.

왜곡 문제를 적나라하게 들춰내는 데 초점을 맞춰야 한다. 이와 관련하여 몇 가지 질문을 구체화해 보자. 가장 앞서 해야 할 질문 중 하나는 '한국 사회의 신자유주의화와 승자지배 패러다임이 학교교육에 어떤 영향을 미치고 있는가'다. 4·16 이후 인문사회과학자들이 꼽는 참사 원인 중 하나는 '신자유주의'다. 신자유주의로 공공성이 무력화되고 시장이 요구하는 능력과 그에 적합한 삶의 형식이 일상화되는 과정에서 참사가 발생했다고 보는 것이다. 신자유주의가 전적인 원인이라고 보기는 어렵지만 이러한 지적은 적실하다.[3] 신자유주의는 원인의 한 단면이기 때문이다. 그간 교육 영역에서도 교육개혁 확대·심화 과정을 통해 신자유주의화 정책이 강화돼 왔다. 이들 신자유주의 교육정책들은 '메리토크라시Meritocracy'장은주, 2012라는 정의 패러다임을 더욱 공고화하는 계기로 작동되었다. 사회적 재화(부, 권력, 명예 등)를 능력에 따라 할당하자는 이념의 공고화는 결국 물질주의와 결부된 학벌주의와 성적지상주의를 강화하는 계기가 되었다.이수광, 2015a: 24

메리토크라시 이념은 대학서열체제나 대학입시제도에 조응하면서 독특한(한국적인) 학교생태계를 구성한다. 즉 학교의 독특한 구성적 특성이 형성되는 것이다. 단편적으로 살펴보자. 메리토크라시 이념이 공고화된 조건에서 학교는 강한 '변별압력'을 받게 된다. 즉 개별 학생

---

3. 세월호 참사 원인을 신자유주의에서 찾는 대표적인 학자는 한병철이다. 그는 세월호를 "사라진 공동체의식, 늘어나는 이기주의, 신자유주의적 영리지상주의, 신뢰의 위기, 도덕의 추락처럼 우리 모두에게 영향을 미치는 문제들의 다발"로 규정한다(정은희, 2014). 이 외에 이병천, 지주형, 이승환, 전규찬, 김명인 등도 참사 혐의를 신자유주의에서 찾는다.

들의 능력을 변별하는 판정자 및 관리자 역할이 학교에 요구된다. 그 압력의 연장에서 각 주체들은 독특한 적응 양식을 개발한다. 예컨대 교사들은 평가권 행사에서 다수 학생들을 무리 없이 변별할 수 있는 평가 전략을 채택한다. 즉 시험문제 출제에 따른 민원을 피하면서도 변별을 명확하게 할 수 있는 방법을 찾는 것이다. 평가 문제 오류에 따른 리스크(학생, 학부모 민원)를 줄이되 변별이 가능하도록 '안전한 문항'과 '고난도의 기형적 문항'을 뒤섞는 전략을 활용하게 된다.[4] 그리고 학생들은 교사들의 평가 전략에 대응하기 위해 독특한 학습양식을 개발한다. '고난도 기형적 문항'의 해결 여하에 따라 평정 등급에 큰 차이가 발생하는 만큼 이 문항에 대비하는 학습양식을 갖추게 되는 것이다.

이를테면 '교과서 내용 세세하게 빠짐없이 학습하기', '연관된 지식 모두 익히기', '많은 문제집(혹은 학원 수업) 소화하기' 등과 같은 소위 '전방위 저인망식 학습'을 하게 된다. 이러한 학습양식은 전이력이 매우 높아 빠르게 확산되고, 다양한 수단을 파생해 간다는 특징이 있

---

4. 2019년 대학수학능력시험 국어영역 31번 문제는 '역대급으로 가장 어려웠다'는 평을 듣는다. 이 문제로 인해 한국교육과정평가원장은 공식 사과하고 향후에는 '이 같은 초고난도 문항 출제를 지양하겠다'는 약속까지 했다(『한겨레』 2018. 12. 4). 그럼 왜 이 같은 문제가 출제되었을까? 이 질문에 정주현은 의미 있는 해석을 한다. 그에 따르면 영어가 절대평가로 전환된 이후 국어과가 수능 전체 변별력, 특히 정시 지원에서 표준점수 차이를 내야 하는 의무를 껴안았다는 것이다. 그래서 국어에는 난도 최상의 문제가 있어야 했다는 것이다. 만약 난이도 부담이 덜했다면 '31번' 문제는 출제되지 않았을 것이라고 보는 것이다(『경향신문』 2018. 11. 26). 변별압력이 강하게 작동되는 입시장에서는 이러한 초고난도 문제의 출제 가능성이 상존한다고 보는 것이다.

다. 특히 주목해야 할 점은 변별압력이 강할수록 학생들의 정체성이 동질화된다는 점이다. 즉 학생다운 학생이 되기 위해서는 '전방위 저인망식 학습 태세'를 갖추어야 하고, 이를 통해 자신의 실력을 입증해

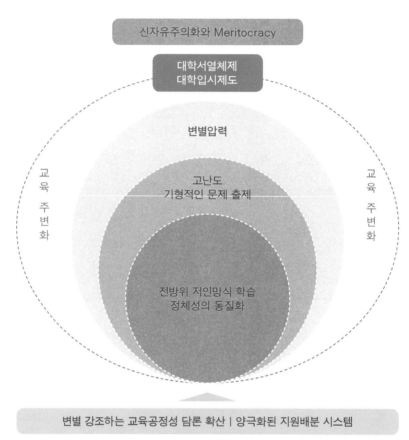

[그림 1] 메리토크라시와 변별압력 작동 모형

야 한다는 생각을 갖게 된다. 물론 이런 정체성 동질화 자장으로부터 벗어나 있는 학생들도 있긴 하다. 자의든 타의든 대학 진학이 아닌 다른 진로를 선택한 학생들이 이 범주에 해당된다. 문제는 이들이 '주변화'된다는 점에 있다. 즉 대학 이외 진로의 가치가 사소하게 취급되고, 이 진로를 선택한 학생들에 대한 관심이나 지원도 상대적으로 덜하다. 비진학 학생들을 '부차적 존재' 혹은 '부분'으로 취급하는 경향이 나타나는 것이다.

이 같은 변별압력 작동 모형은 학력과 직업에 따라 소득 격차가 큰 자원배분 시스템의 작동이 지속되는 한, 그리고 변별력을 강조하는 교육공정성 담론이 확산될수록 더욱 공고해질 개연성이 있다는 점에 주목할 필요가 있다.

두 번째 질문은, '지금 한국에서 교육 주체들은 어떤 삶을 살고 있는가'이다. 교육 주체들의 일상은 경쟁체제에 결박돼 있다. 대개 학생, 학부모는 각자의 처지에서 입시를 중심으로 일상을 구성한다. 즉 일상을 지배하는 핵심 문화 주제는 '진학'이고, 입시 성공의 가치가 다른 가치에 우선한다. 따라서 입시 성공에 유리한 조건을 확보하기 위해 다양한 차원에서 일상을 재구성한다. 예컨대 일상의 시간 구성, 친구 관계, 거주지 선정, 가족관계 등은 물론 미세한 영역에 이르기까지 광범위한 영향을 미친다. 이런 '일상의 입시화' 세태는 갈수록 공고해지고 전국화되는 경향을 보인다.

실제 학생들은 학교문법에 길들여진다. '일거수일투족을 기록하는

세밀한 감시체제로 어린 국민들을 관리하는 내신제도'조한혜정, 2018: 17
아래에서 학생들은 학교 요구대로 사고하고 행동하게 된다. 일명 '학교
형 인간'으로 변모한다. 특히 입시 유형이 다양화되고 전형요소가 복
잡해짐에 따라 학생들은 자신에게 유리한 특정 입시 유형을 선택하고
그에 적합한 학습·활동에 집중하게 된다. 대학 진학을 위한 학습경로
를 설계한 다음, 그에 따라 내신학습, 교내활동, 교외활동, 사교육 등에
대한 계획표를 작성하고 실행한다. '시험형 모드'가 일상이 된다.

'학교형 인간'으로서의 정체가 낳는 심각한 문제 중 하나는 학생들
의 주체로서의 자아가 왜소해질 개연성이 높다는 점이다.[5] 학교 내신
체제에 집중할수록, 입시 유형에 맞춰 학습경로를 만들어 갈수록 학
생들의 자아는 수축되고 자기 밀도도 작아진다. 이는 자기만족과 사
회적 인증의 근거가 성적과 점수로 한정됨에 따라 나타나는 현상이다.
특히 내신 준비나 입시 준비에 방해가 되는 자극 요소는 가급적 통제
하고, 타자와의 관계도 최소화한다. 그렇다 보니 확장된 자아, 개방적
자아를 장려하는 조건이나 환경에 접근할 기회도 제한된다. 이처럼 당
대 학생의 삶은 단절되고 왜소해지는 단소화斷小化 경향을 보인다.

메리토크라시 이념이 강화된 상황에서 학부모들은 "자신의 삶은 방
치·포기·희생하고서라도 아이를 키워 내는 것이 바람직한 부모라고

---

5. 학생들 중에는 학업을 중단하거나 재학 관계에 있되 입시나 공부에 흥미가 없는 부류가
   있다. 이런 부류의 학생들은 '학교형 인간', '시험형 인간'의 정체를 거부하거나 포기하는
   경우라 할 수 있다. 이런 점에서 학업 중단이나 배움으로부터의 도주 현상은 지배적인 학
   생 정체(학교형 인간, 시험형 인간)에 대한 반발로 볼 수 있다.

믿는 부모도덕"을 내면화한다. 이 "'부모도덕'은 '부모'의 책임과 역할에 대한 합의의 결과로서 '부모'의 삶을 조형하는 원리가 된다".신샛별, 2015: 33 부모도덕을 구성하는 요소 중 하나는 자녀에 대한 의식화다. 즉 자녀의 학업 성취동기를 높이고 내면화시키기 위해서 '공부를 잘해야 하는 이유'를 설득력 있게 제시하고 그것이 수용되도록 의식화하게 된다. 예컨대 부모들은 입시공부를 열심히 해야 한다는 신념을 갖도록 하려는 방편으로 훈계와 잔소리뿐 아니라 또래의 다른 학생들과 비교해서 자존심을 자극하기도 한다. 다른 한편으로는 자녀에게 높은 직업 열망을 불어넣는다. 좋은 학벌은 보수가 많고 사회적 대우가 좋은 직업을 갖는 전제 조건이 되므로, 사회경제적 지위가 높은 직업에 대한 꿈을 갖도록 자극하는 것이다.신명호, 2011: 77-81

자녀에 대한 의식화와 동시에 부모는 자녀의 입시 지원과 관련하여 차별적 투자 전략을 채택한다. 자녀가 입시 경쟁에서 차별화된 경쟁력을 확보할 수 있는 요소를 찾고, 이에 집중 투자한다. 입시제도가 복잡해질수록 학부모의 입시전략은 한층 다변화되는 경향을 보인다. 그리고 가족관계도 자녀의 입시 지원에 최적화될 수 있도록 재구성된다. 가정 자체가 '과도하게 합리화된 입시 지원' 기능을 수행하는 '대입 프로젝트 공동체'[6]의 성격을 강하게 띠는 것이다. 이처럼 당대 학부모

---

6. 나임윤경은 '애정 공동체'여야 할 가정이 극심한 경쟁 교육의 수단으로 변질된 현실을 이같이 명명한다. "한국 가정은 애정 공동체 아닌 대입 프로젝트 공동체"(『경향신문』 2012. 1. 3. 1면). http://news.khan.co.kr/kh_news/khan_art_view.html?code=940401&artid=20120102220121. 2015.5.16.

도 학생들만큼이나 입시 집착적이고 기형적인 삶을 산다.[7]

4·16 이후 제기할 수 있는 다른 질문 중 하나는, '학교교육이 독립적이고 비판적으로 사유하는 주체적 인간을 육성하고 있는가?'이다. 세월호 참사 이후 고교생들은 여러 지역에서 '가만히 있으라'는 팻말을 들고 침묵시위를 벌였다.[8] '가만히 있으라'는 명령 속에는 '~하지 말라', '~안 된다', '~해라', '~해야 한다', '~나중에 하라', '참아라' 등등의 주문이 겹쳐져 있다. 이런 점에서 고교생이 든 이 팻말은 그들의 억압적인 삶의 조건과 학생을 순응자로 바라보는 존재 규정에 대한 저항의 표징이다. 실제로 학생들은 학교의 통제체제에 갇혀 산다. 학교가 설정한 목표 달성을 위해 학생들은 효율적으로 관리된다. 관리를 위해서는 각종 지시와 통제가 동반된다. 또한 개별 학생이 지적 호기심을 발현할 수 있는 시간적·공간적·제도적 장치도 미흡하다. 주인으로서의 지위를 행사할 시스템도 충분치 않다. 그리고 학생들 스스로 공동의 원칙을 수립하고 이를 자신들의 공준公準으로 만들었던 자치 경험도 미약하다. 학교 밖 세상을 접하고, 사회문제에 대해 자신들의 견해를 밝히고, 구성원들과 함께 공동의 문제에 대해 숙의하는 일상의 민

---

7. 한국교육개발원 교육여론조사(KEDI POLL 2018)에 따르면, 많은 학부모들이 자녀 사교육비 지출로 가계 부담을 느끼고 있는 것으로 나타났다. 조사 내용에 따르면 88.4%의 부모들이 부담을 느낀다고 응답하였다. 그리고 사교육을 시키는 이유에 대해서는 '남들이 하니까 심리적으로 불안해서'(26.6%), '남들보다 앞서 나가게 하기 위해서'(23.7%), '학교수업을 잘 따라가지 못해서'(14.8%), '학교수업보다 더 높은 수준의 공부를 하도록 하기 위해서'(14.4%) 순으로 나타났다.
8. 『경향신문』 2014. 5. 18. 「서울광장 '가만히 있으라' 침묵시위」.

주주의 경험이 부족한 것이다. 이렇다 보니 학생들에게는 침묵, 복종, 순응 등과 같은 '부정적 미덕'이 더 익숙한 현실이다.이수광 외, 2015a: 41

한편, 학생들에게 강제된 부정적 미덕이 교사들에게서도 나타난다는 점에 주목할 필요가 있다. 학교의 관료제적 속성이 강화됨에 따라 이런 경향이 더욱 두드러진다. 학교 운영은 촘촘하게 엮여 있는 법률, 규정, 지침. 사업계획 등을 근간으로 한다. 그런데 이들 규정과 지침의 구체성에는 빈틈이 없다. 즉 단위학교 혹은 개별 교사에게 해석의

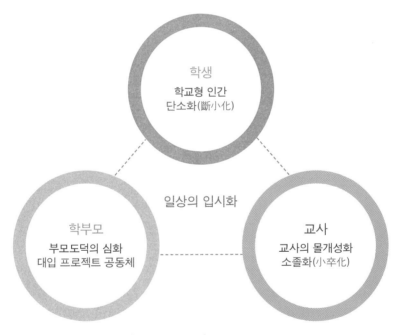

[그림 2] '일상의 입시화'와 교육 주체 삶의 형식

여지를 허용하지 않는다. 따라서 교사 직무에 성실할수록 몰개성화 deindividuation가 두드러지는 역설이 나타난다. 규정이나 지침 혹은 사업계획에 충실하다 보니 '행정형 교사' 혹은 '수동형 교사'로 표준화되고 소졸화小卒化되는 경향이 나타나는 것이다.

요컨대 당대 한국 교육의 지배적 이념은 '승자지배이념meritocracy'이다. 이 이념의 공고화로 인해 학교는 변별辨別 기관으로 기능하고, 학생들은 '시험형 인간'으로 단소화斷小化된다. 부모들은 자녀의 교육 성공을 위해 '부모도덕'을 내면화하고, 가정은 '대입 프로젝트 공동체' 성격을 띤다. 이런 구조 속에서 학생들은 묵종자의 미덕을 내면화하고, 교사들 또한 몰개성화, 소졸화 경향을 보인다. 결국 각 교육 주체의 자기소외가 구조화되는 것이다. 이러한 다방향 악순환 교육체제는 세월호참사를 낳은 거대 체제의 구성 요소이자 중요 부분이다. 4·16 이후의교육 질문은 이 지점으로 수렴되어야 한다.

불균형한 '기억', 옅어진 전환 기획

세월호 참사 직후 많은 사람들이 '미안하다', '잊지 않겠다', '기억하겠다', '가만히 있지 않겠다'고 말했다. 이 말에는 일차적으로 억울하게 희생된 사람들과 그 가족들에 대한 위로와 공감, 더 깊게는 우리 자신에 대한 성찰과 다짐 그리고 결기까지가 포개져 있다. 이런 점에서 볼 때, '기억하겠다'는 맹세는 참사 그 자체를 망각하지 않겠다는 약속이자 다른 한편으로는 새로운 세상을 만들겠다는 실천의 다짐이다.

참사 이후 교육계에서는 '4·16'을 기억하기 위한 노력을 지속해 왔다. 참사 직후부터 그 자체를 기억·기록하고 참사의 진실을 촉구하는 노력을 이어 오고 있다. 경기도교육청에서는 2015년 4월 세월호 희생 학생과 교사들의 희생을 기리기 위해 '재단법인 4·16단원장학재단'을 설립하고, 2016년 5월에는 세월호 참사로 희생된 학생, 교사, 청년들의 삶과 꿈을 기리기 위한 취지에서 모두 12권의 약전(『4·16 단원고 약전: 짧은, 그리고 영원한』)을 발간·헌정하였다.『한겨레』 2016. 5. 13 그리고 2016년 '단원고 4·16기억교실' 이전 및 체험학습 프로그램 운영, 2017년 '4·16 세월호 참사 추모 조형물' 제작을 했다. 2018년에는 세월호 참사부터 합동 연결·추도식까지의 4년을 기록한 『4·16 세월호 백서』를 발간하고, 2019년 2월 12일에는 세월호 희생 학생들을 위한 '명예 졸업식'이 열렸다. 그리고 2021년 4월 개원을 목표로 '4·16민주시민교육원' 건립을 준비하고 있다.경기도교육청, 2018 경기도 이외 시·도교육청에서도 세월호 참사 추모 기간을 지정하는 등 잊지 않기 위한 노력을 이어 가고 있다. 교원단체 차원에서도 기억을 위한 의미 있는 실천을 하고 있다. 전교조에서는 참사 2주기에 맞춰 『기억과 진실을 행한 4·16 교과서』를 발행하여 교과 수업자료로 활용할 수 있도록 배포하고, 매해 4월 다양한 추모·기억 행사를 기획·운영하고 있다.

이러한 교육계의 기억 노력에는 비대칭성이 두드러진다. 즉 세월호 참사를 '4·16'이라는 역사적 실재로 구체화하는 기억에 집중하는 반면, '4·16 이후' 새로운 교육체제로 전환하기 위한 '행동화된 기억'은 상대적으로 미흡하다는 점이다. 참사를 계기로 시민들의 교육적 각성과 새로운 교육 질서에 대한 기대 수준은 매우 높아졌고, 이는 2014년 6·4 지방선거에서 13명의 진보 성향 교육감을 당선시키는 결과로 이어졌다. 그런데 문제는 우리 교육의 변화 속도나 폭이 그 당시 시민사회가 기대했던 수준과는 일정한 차이가 있다는 점이다.

기억을 톺자면, 참사 이후 교육 당국은 대중요법에 급급했다. 세월호 참사를 교육 안전사고 차원으로 단순하게 인식하고 안전교육 강화 정책을 추진했다. 교육부는 2014년 11월 〈교육 분야 안전 종합 대책〉을 발표하여 '체험 중심의 체계적인 안전교육 시행', '교원을 안전교육 준전문가로 육성'(학교안전관리지도사 자격 취득), '수학여행 및 실습교육 시 사전 안전교육 의무화' 등을 추진했다.교육부, 2014 그리고 후속 조치로 〈유·초·중·고 발달단계별 '학교 안전교육 7대 영역 표준안〉 발표를 통해 통일된 안전교육 체계를 갖추도록 하였다. 정책 결과 consequence와 파장subsequence을 정교하게 계산하지 않은 이러한 직접적인 정책 대응은 도리어 현장학습 자체를 포기하게 만드는 역효과를 낳았다. 과도하게 복잡한 절차와 까다로운 조건들이 현장 체험학습 추진을 어렵게 하는 장애물로 작용한 것이다. 이러한 대중요법적인 정책 외에 교육 이념, 교육 공공성, 교육 주체들의 존재 형식 등과 같은 논제를 다루었던 흔적은 찾기가 어렵다.[9]

교육학계에서 4·16은 특이하게 취급된다. 4·16은 '투명사건'이다. 실재하지만 없는 듯 외면된 사건이다. 여러 학문 분야(문학, 철학, 사회학, 신학, 행정학 등)에서는 세월호 참사를 입체적으로 분석하고, 새로운 사회를 어떻게 구성할 것인가, 인간다운 삶을 가능하게 하는 조건들은 무엇인가 등에 대한 질문이 빈번했다. 이에 비해 교육학계에서의 4·16 관련 학술적 접근은 극히 미미하다.[10] 세월호 참사와 관련해서 제기되는 교육적 질문이나 4·16 이후의 교육 질서 재구성과 관련한 제안의 경우에도 교육학 이외의 분야에서 더 많이 확인되는 현실이다 (교육학계의 집단적 침묵과도 같은 이런 무반응은 학문적 리더십과 윤리적 리더십의 형성·작동의 맥락에서 별도의 논의가 필요하다).

참사 당사자인 경기도교육청은 사건 직후부터 '4·16 이후 교육체제를 어떻게 재구성할 것인가?'라는 질문을 제출하고 전환 기획을 구상해 왔다. 2014년 10월 29일 교육정책 포럼 주제를 '4·16교육체제의 기본 이념과 구조'로 설정하고 교육의 근본적 전환 필요성을 제기한다. 서설 수준의 논의이긴 하지만, 주제 발제를 맡은 박부권은 "4·16교육

---

9. 국회에서는 참사 직후 세월호 선장 같은 사람이 안 나오게 만들겠다며 이른바 '이준석 방지법'(인성교육진흥법)을 발의했고(2014. 5. 26), 의결을 거쳐 2015년 7월 21일부터 그 효력이 발생하고 있다. 그러나 이 법 발의 당시부터 일각에서는 '입법만능주의적 대증요법'에 불과하며, 개인 인성의 집단화를 기획한다는 점에서 헌법에 반한다는 문제를 제기하였다.

10. 교육학계에서 발표된 세월호 관련 논문으로는 양은주(206), 「세월호와 교육: 움직임·느낌·생각을 깨우는 학교공동체를 위한 성찰」, 『교육사상연구』 30(1), 141-165; 양은주(2016), 「세월호 참사 이후를 위한 『민주주의와 교육』 읽기」, 『교육사상연구』30(4), 135-162; 권순영·전일균(2015), 「'세월호사건'으로 본 교사상에 대한 성찰」, 『교육의 이론과 실천』20(3), 1-24; 성열관(2016), 「위기의 한국 교육, 5·3체제에서 4·16체제로」, 민주화를위한전국교수협의회 엮음, 『신자유주의와 세월호 이후 가야 할 나라』, 앨피, 211-225.

체제는 인간이 가지고 있는 무한한 능력에 대한 절대적인 믿음의 기초 위에 통합과 탁월성의 이념을 세우고, '학생 자체로'라는 방법적 원리로 이를 실현해야 한다"고 제안했다. 이런 연장에서 경기도교육연구원에서는 2015년 교육체제 전환과 관련한 두 권의 정책보고서를 발간했다. 먼저 〈4·16교육체제 수립 기초 연구〉 보고서를 통해서는 '왜 교육의 틀을 새롭게 구성해야 하는가'와 '교육의 원형을 복원하기 위해서는 어떤 이념과 비전을 채택해야 하는가'를 질문하고 답했다. 이어서 〈4·16교육체제 비전과 전략〉 정책보고서를 통해서는 교육체제 전환을 위한 정책 포지셔닝 조감도를 발표했다.[11] 이 보고서에서는 새로운 교육체제 비전을 '행복한 배움으로 모두가 특별한 희망을 만드는 공평한 학습사회'로 설정했다. 그리고 이를 구체화하기 위해 4개 정책 목표, 10대 영역에 걸쳐 모두 206개 정책과제를 제안했다. 이 연구 후

---

11. 정용주는 이 보고서에 정성 담긴 비판을 제출한다. 그가 지적하는 '4·16교육체제 연구'의 한계는 이런 것이다. 교육의 문제를 해결하기 위해 총체적인 접근을 하고 있음에도 불구하고 교육의 문제를 교육 담론 체계 속에 가두는 역할을 한다는 점, 개인의 실패가 국가나 공동체에 의해 완화되지 않는 한 교육의 자유, 존엄한 인간의 자기실현이라는 것이 불가능하다는 질문이 부재한 점, 현재 시제보다는 미래 시제가 중심인 점, 제안된 정책과제들 간에 이질적 결합의 혐의가 있다는 점, 교직 전문성에 대한 접근은 5·31의 문법을 그대로 따른다는 점, 4·16교육체제 안 역시 이전의 교육개혁 안처럼 위로부터의 청사진이란 점 등등이다. 이에 더해 그는 "체제적 관점에서 이상을 종합하는 미래가 아니라 4·16이 모든 것을 매개하면서 종합하고, 이를 통해 새로운 긴장을 유발하는 것이어야 한다. … 인간 만들기가 아니라 인간으로서 살아가기, 완전한 현재성과 만나기가 주된 방향이 되어야 한다. 이런 점에서 4·16은 교육체제가 아니라 인권 테제여야 한다"고 강조한다. 4·16을 단지 기억된 대상을 복원하는 차원을 넘어서서 실천적으로 기억한다는 점, 그리고 그가 주장하는 인권 테제로서의 4·16과 교육체제로서의 4·16이 상호 포섭하는 지점이 있다는 점에서 그의 비판과 주장은 값지다. 정용주(2018), 「4·16이 '교육체제'여야 하는가?」, 『교육학의 가장자리』, 교육공동체벗, 204-228.

속으로 체제 전환을 위한 핵심 관문 정책과 관련한 보고서를 연이어 출간했다.[12]

물론 다른 시·도교육청에서도 4·16 이후 교육을 어떻게 전환할 것인가에 대한 질문과 토론이 이어졌다.[13] 단발성이기는 하지만 논의 주제도 학교안전 및 인권, 학교민주주의, 민주시민교육, 학생자치, 교육 공공성 등으로 확장되었다. 이러한 여러 시·도교육청의 고민과 질문은 2016년 4월 20일 전국 14개 시·도교육감이 함께한 '새로운 교육체제 선포식'과 공동선언문 채택으로 이어졌다. 공동선언에 참여한 시·도교육감들은 '슬픔을 다짐으로 바꾸고, 다짐을 실천으로 옮기고, 실천은 변화를 끌어내는 힘이 되어야 한다'는 공통 인식하에 네 가지를 공약했다. 즉 '민주시민으로 육성', '공공성과 민주성에 기반한 교육 시스템 구축', '교육으로 안전하고 행복한 사회 시스템 구축', '교육 전환 방안에 대한 공동연구 및 정책의 공동 추진'을 다짐하고 약속한 것이다. 공동선언 이후에는 경기도교육청 중심으로 4·16교육체제를 공론화하기 위한 노력이 이어졌고, 이런 연장에서 이재정 경기도교육감은 문재

---

12. 〈4·16교육체제 비전과 전략〉 후속으로 발간된 정책보고서로는 〈수능 폐지 이후 대입제도 개선 방안〉(2016), 〈학력·학벌 차별 개선 정책과제 및 법제화 방안 연구〉(2016), 〈학부모 교육 주체화 방안 연구〉(2016), 〈미래형 학력 개념 및 방향에 관한 연구〉(2016), 〈인간 존엄 교육론 연구〉(2017), 〈학생의 시민 주체화 방안 연구〉(2017), 〈미래학교 체제 연구: 학습자 주도성을 중심으로〉(2018) 등이 있다.

13. 참사 2주년이었던 2016년 4월, 각 시·도교육청 차원에서 개최했던 토론회 주제를 보면 다음과 같다. 〈세월호 참사 이후 학교 혁신을 위한 방향과 과제에 대한 토론회〉(광주광역시교육청), 〈세월호가 우리 교육에 던진 문제〉(강원도교육연구원), 〈세월호 사고를 통해 돌아보는 한국 사회와 교육〉(부산광역시교육청), 〈국가, 사회, 교육, 그리고 우리〉(전라북도교육청).

인 정부 출범 이후 '4·16교육체제'를 국가 교육개혁 의제로 제안하기에 이른다.[14] 이러한 일련의 '4·16교육체제' 담론 구성 및 이의 공론화 과정은 긍정적인 결과로 연결된 측면이 있다. 문재인 정부 교육 공약을 분석해 보면, 대입제도 개편, 누리과정에 대한 국가 책임 확대, 고교 완전 무상의무교육, 아동청소년인권법 제정 등은 '4·16교육체제'에서 제시한 정책과제와 겹친다.

그러나 현실의 정책생태계를 보면, 당초의 기대에 훨씬 못 미친다. 전환의 속도는 더디고 이행 로드맵은 흐릿하다. 체제 전환의 목표치도 분명치 않다. 시민사회나 시·도교육청 차원에서 제출했던 교육체제 전환의 문제의식, 내용, 범위도 시간이 갈수록 축소되는 느낌이다. 특히 중앙정부는 체제 전환과 관련한 핵심 쟁점에 직핍直逼하지 않는 인상도 강하다. 그러다 보니 '기억하겠다'는 다짐으로 표현되었던 변혁의 열망은 꺾이고, 교육 주체들은 실존적으로 점점 어려운 지경에 처하는 상황이다. 이것은 단지 정부의 정책 역량의 한계라기보다는 오히려 '4·16'에 대한 우리 사회 전반의 윤리적 차원의 문제다. 참사 당사자로서의 책임을 방기한 데서 연유하는 문제다. 이런 점에서 우리는 다시 진지하게 교육의 새로운 틀을 고민하고, 구체적인 내용에 대한 치밀한 검토를 해야 한다. 수사로만 남는 기획은 항용 비관주의로 귀결된다는 교훈을 다시 새길 필요가 있다.

---

14. NEWS1, 이재정, 「국가교육회의에 4·16교육체제 제안할 것」, 2017. 9. 11. http://news1. kr/articles/?3097726

4·16교육체제 진전을 위한 몇 가지 핵심 관문

기존 교육체제를 새롭게 전환하기 위해서는 기왕의 모순과 미래에 당면할 문제를 포괄할 수 있는 정책조합Policy Mix을 구상해야 한다. 체제 전환을 위한 정책조합 구성에서 중요한 것은 제도적 파급이 확실하고 교육 주체의 삶에 직접적인 영향을 미치는 핵심 관문key gatekeeper 정책을 중심에 놓는 일이다. 특히 핵심 관문 정책은 입법과정을 통해 법제적 형식을 갖추고 중하위급 수준의 정책수단을 연쇄적으로 동반한다는 점에서 '전환지체'의 탈출구가 될 수 있다. 이 점에 주목하여 이하에서는 '4·16교육체제'를 진전시키기 위해서는 어떤 핵심 관문을 넘어서야 하는지를 살핀다. 핵심 관문 정책을 실현하는 것이 바로 교육계가 감당해야 할 '기억의 몫'이다.

교육 이념에 대한 사회적 토론과 합의

교육제도의 기반은 교육 이념이다. 교육 이념을 실현하기 위해 구성한 것이 바로 교육제도다. 물론 제도가 언제나 이념을 온전하게 실현해 주지는 못한다. 제도가 이념을 감당하기 버거운 경우도 있고, 제도와 이념 사이에 괴리가 생길 가능성도 있다. 그럼에도 교육 이념을 의식하는 선에서 제도를 설계하는 경우, 제도가 한 방향으로 경도되는 것을 억제할 수는 있다. 이런 점에서도 교육 이념의 내용을 충실히 하려는 논의를 계속하면 그것이 현실적인 힘으로 작용할 수 있는 것이다.이태수, 2016: 149 따라서 교육체제 전환을 위해서 선행해야 할 것은 바로 '우리는 어떤 교육 이념을 채택할 것인가'에 대한 사회적 토론과 합의가 중요하다.

한국 교육을 지배하는 이념은 메리토크라시 이념이다. 이 이념은 교육적 불평등과 배제를 정의롭다고 정당화해 왔다.이수광, 2015a: 24 모든 교육 주체를 개별화하고 각자의 교육 성취에 대한 책임을 개인으로 되돌리는 원리를 고착시켰다. 이로 인해 교육 주체들은 '각자도생의 생존전략'을 생활철학으로 삼게 되었다. 이 철학의 핵심 명제는 '교육 성공을 위해서는 경쟁에서 이길 수 있을 만큼 최대한 노력을 해야 한다'는 것이다.

이런 문제를 극복하기 위해서는 국가 정체인 민주공화국의 이념을 반영한 실천 지향적 교육 이념을 새롭게 구성할 필요가 있다. 우리가 상정하는 새로운 교육 이념(민주적 공화주의)의 핵심은 민주주의 원칙에 기초하여 모든 학생의 존엄성이 보호되고 증진되는 것이어야 한다. 모든 시민이 자신의 존재가치를 고양하면서 행복한 삶을 영위할 수 있도록 국가가 책무를 지는 것과 같이 교육에서도 모든 학생의 존엄 증진을 국가가 담당해야 한다.이수광, 2015a: 53 이러한 이념적 지향을 함축하는 예비적 개념으로 '디그노크라시Dignocracy'를 상정해 볼 수 있다.

'디그노크라시'는 '모든 학생의 '존엄의 동등성을 보장하고 개별 학생이 지닌 고유성의 탁월한 발현을 공교육의 목적으로 삼는 이념'으로 이를 '존엄주의'라 할 수 있다. 모든 학생은 존엄의 존재이고 유일성의 존재다. 그리고 학생 개개인은 그 자체로 고유성과 독특성의 존재다. 즉 특정 기준으로 재단하고 평가할 수 없는 무한의 존재인 것이다. 이런 점에서 교육의 본령本領은 개별 학생의 고유성·독특성이 확장될 수 있도록 조력하고, 이를 통해 모든 학생이 자신을 완성해 갈 수 있도록 지원하는 일이 된다. 따라서 교육제도가 교육의 본령에 충실하기 위해서는 제도를 관통하는 이념적 지향을 '디그노크라시'로 상정할 필요가 있다.

우선 '존엄의 동등성을 보장한다는 것'은 개별 학생을 절대적 존재, 즉 그 무엇으로도 대체할 수 없는 내적 가치를 지니는 존재로 대우한다는 의미다. 모든 개개인이 '인류의 높은 가치에 합당하게 대우받아야 한다'는 명제를 학생들에게 적용하는 것이다. 이를 달리 표현하면, 학생은 가장 가치 있는 존재이고 동시에 교육적 관계에서 모든 학생이 평등하게 존중되어야 한다는 것이다. 이는 사회적 유용성의 맥락에서 학생들을 판단할 것이 아니라 오로지 그의 실존만으로 인정하자는 요구를 반영하는 것이기도 하다. 그리고 '학생이 지닌 고유성이 탁월하게 발현된다는 것'은 두 가지 의미를 함의한다. 우선은 개별 학생의 고유성·독특성을 동등한 가치로 인정한다는 것이고, 다른 하나는 이 고유성·독특성이 공동체에 기여할 수 있음을 인식시키고 이를 최대한 발현할 수 있도록 지원한다는 의미다. 이런 맥락에서 학생 개개인의 고유성 함양 교육은 진정한 인간 존엄성의 현실화와 실천을 의미하는

것이다.김기수 외, 2017: 31

   인간 존엄이 가지는 본질적 특징은 '인격체들에게 주어진 서로에 대한 특별한 방식으로서의 존중'이다. 이 특별한 방식을 지각한다는 것은 곧 타인에 대한 인정이며, 타인의 존엄성에 대한 보편적 의미를 지킬 것을 요구하는 것이다.김종엽, 2010: 61 따라서 모든 구성원의 존엄을 동등하게 보장할 수 있는 인정의 질서를 세우기 위한 정치, 즉 '존엄의 정치'가 필요하다. 존엄의 정치를 위해서는 시민의 주체화를 위한 특별한 사회정치적 기획이 중요하다. 그 핵심은 바로 시민들의 자기-지배를 위한 역량의 강화, 곧 다층적 차원의 시민 역능화力能化에 있다. 장은주, 2016 이런 점에서 '디그노크라시' 이념은 민주시민교육과 불가분의 연관성을 갖는다.

   당대 교육체제에서 개별 학생의 고유성은 그 자체로 가치가 인정되는가? 개개인의 고유성이 온전하게 신장될 기회와 여건은 충분한가? 이들 질문에 대한 답은 여러 이유에서 부정적이다. 우선 학교는 학생들의 다양한 고유성 혹은 능력 중에서 한두 가지를 특권화한다. 예컨대 학업능력이 대표적이다. 그리고 특권화된 능력을 기준으로 서열을 매기는 것이 일반적인데 이는 다수 학생의 존엄을 해치게 된다.박복선, 2017: 26 또한 국가교육과정이 동일하게 적용되고 대학입시 자장이 강하게 작용하다 보니, 당대 학생들은 자신의 고유한 정체성 확립을 위한 학습과정에 참여하기에는 적절하지 않은 환경에 놓여 있다.김기수 외, 2017: 31 이 같은 교육모순에 대한 문제의식을 공유하고, 기존과는 차원이 다른 교육 질서를 상상하기 위해서라도 교육 이념에 대한 사회적 토론과 합의가 필요하다. 교육 이념에 대한 논의과정 그 자체가 체제 전환의 밑그림으로 연결될 수 있다는 점에서는 이런 과정이 중요하다.

입시제도와 대학서열체제 패키지화

대학입시제도는 여타 교육정책의 진원이다. 사교육 정책, 학교제도 정책, 교육과정 정책 등은 대학입시제도로부터 직간접적인 영향을 받는다. 역으로 교육부나 시·도교육청 차원에서 추진하는 다양한 학교 교육정책이 사회적 이슈로 부각되는 경우는 대학입시제도와의 조응 관계에 대한 해석 차이에서 빚어지는 일이다. 예컨대 자유학기제에 대한 문제제기나 혁신학교 지정에 따른 교육행정 당국과 학부모 간의 갈등이 대표적인 사례다. 또한 대학입시제도는 하급 학교의 교육 내용과 방법, 학교 운영, 학생들의 학습 동기 등에 지대한 영향을 미친다. 이런 점에서 볼 때, 당대의 지배적인 학교 운영 문법이나 교육 주체들의 기형적 삶의 형식 등은 대학입시제도가 조형한 결과의 일면이라 할 수 있다. 대학입시제도는 교육 일상을 구성하는 핵심 영향세影響勢다. 실제로 정권이 바뀔 때마다 대학입시제도 개혁을 공약하고 추진했다는 점은 이 제도가 교육정책의 중심축 구실을 하고 있음을 반증하는 것이다.

해방 이후부터 대학입시제도는 변화를 거듭해 지금에 이르렀다. 크고 작은 정도의 차이가 있을 뿐 입시제도는 해마다 변화했다. 각종 전형 방법이 망라된 셈이다. 그런데 주목할 점은, 입시제도의 부단한 개선 노력에도 불구하고 교육 경쟁의 총량이 줄고 경쟁 강도가 완화됐다는 근거가 명확치 않다. 도리어 입시제도 개혁에도 불구하고 해결되길 기대했던 교육모순은 더욱 복잡해지고 확대되는 눈덩이 연합 snowballing coalition이 되었다.이수광·정진헌, 2008: 60 특히 대학입시제도의 빈번한 개편 과정에서 교육 주체 다수는 위기인성을 갖게 되었다. 통상 위기인성을 갖게 되는 경우 위기 모드의 행동양식을 체득하게 된다. 즉 정상 모드에서는 허용되기 어려운 행동방식(연줄 이용하기, 새치기, 거짓말하기, 규정 위반하기, 남의 불행이나 곤란 이용하기 등)[15]이 나타난다. 특히 이러한 위기인성은 저성장 기조가 장기간 지속되는 수축사회에서 더욱 강화될 개연성이 있다는 점이다.[16] 실제로 학부모들은 입시제도의 잦은 변경을 위기상황으로 인식하고, 그런 상황에서도 성공할 수 있는 갖가지 묘안을 찾고 실행한다. 예컨대 고액 과외받기, 선행학습 많이 하기, 유명 학원 다니기, 조기 유학한 후 특목고 진학하기, 재외국민 대입 특례제도 이용하기 등이 좋은 예다. 이는 입시제도

---

15. 한경구(2000), 「위기의 인성과 21세기 한국 사회」, 『열린지성』 제8호(2000 가을·겨울호), 교수신문사, 134-149.

16. 저성장 기조가 장기간 지속되는 수축사회에서는 평온한 시기와 달리 도덕, 예의, 공생 같은 정신적 가치가 악화되면서 오직 승리에만 집착하게 된다. 즉 사회 전체를 아우르는 규범이 부재한 일종의 무정부 상태가 나타나는 것이다. 이러한 규범 부재 상태에서는 오직 본인의 생존에만 집중하는 자기집중화 현상이 강화된다는 것이다(홍성국, 2019). 이러한 자기집중화 경향 또한 위기인성에서 비롯된 생존전략의 일종이라 볼 수 있다.

가 어떻게 바뀔지 모르는 불안정한 위기 모드에서 취할 수 있는 일종의 자구책 성격이 강하다.

이 같은 '입시제도 혁신의 역설'이 반복되는 이유는 무엇일까? 단지 입시제도 설계상의 단순 오류가 반복되는 것인가? 제도 설계상의 오류가 발견되는 경우에는 이를 해결하기 위한 수정안이 채택되었음에도 왜 유사한 문제가 반복되는 것일까? 사회적 합의 절차에 따라 채택된 대학입시제도 혁신안에 대한 사회 일반의 정조情調는 왜 냉소적인가? 과도한 사교육비 문제를 해결하는 차원에서 설계된 입시제도 개혁안은 왜 번번이 무력해졌는가? 이는 결국 입시제도 그 자체만으로는 정책 효과를 기대하기 어렵게 만드는 모종의 상위 요소가 있음을 반증하는 것이다. 그렇다면 어떤 유형의 입시제도 개혁안을 채택하더라도 이를 무화無化시키는 요인은 과연 무엇인가?

교육 담론 중에서 입시 담론이 지배적인 것은 대학서열체제와 깊은 연관이 있기 때문이다. 그리고 입시제도 개혁안의 무화 현상도 대학서열체제로 인해 나타나는 문제다. 특히 대학서열체제는 하급 학교 교육 문법을 특정한 형식으로 조형함은 물론 삶의 관념까지 지배하는 힘[17]을 내재한다. 실제 '서연고-서성한-중경외시-건동홍-국숭세단-광명상가'로 이어지는 공고화된 서열구조 아래에서 상위 학교일수록 '상대

---

17. 스웨덴 스톡홀름 대학 한국학과 가브리엘 욘손 교수는 한국 대학의 서열이 한국인들의 행동과 사고방식에 너무 큰 영향을 미쳐 인생관이 좁아졌다고 진단한다. 그러면서 '왜 한국 사람들은 특정 대학 권력을 분산하기 위한 노력을 하지 않는가' 질문한다(『시사IN』 2018. 6. 19).

적 희소성'이 강화된다. 그렇다 보니 입시 유형이나 전형 방법이 어떻게 바뀌든(공교육의 질이 전반적으로 향상되는 경우일지라도) 진학 경쟁은 강화되고, 하급 학교의 구조 구속성은 더욱 심화된다. 이런 점에서 대학서열체제를 '악마의 맷돌'에 비유하는 것[김종영, 2019]은 이 체제가 파생하는 혐의와 문제의 복잡성을 잘 드러내 준다.[18]

요컨대 대학입시 정책과 대학체제 정책은 켤레 정책이다. 두 정책 간의 조응성이 담보될 때 양자의 효과가 극대화될 수 있다. 나는 대학입시제도 개편과 관련해서 '수능자격고사제'를 주장한다. 이를 위한 단계적 조치로 현시점에는 '수능절대평가제' 도입이 필요하다는 입장이다. 그리고 대입전형의 한 유형으로 추첨제 전형도 도입할 가치가 있다고 본다. 문제는 이 같은 주장과 문제제기는 대학서열체제 완화를 전제할 때 의미가 살아날 수 있다는 점이다. 다른 유형의 입시제도 개혁안을 설계하는 경우라도 대학서열체제 문제를 간과해서는 안 된다.

따라서 대학입시제도를 개혁하기 위해서는 대학서열체제 완화 정책을 동시에 추진해야 한다. 현재와 같은 대학서열체제가 지속되는 조건에서는 대학입시제도 개혁이나 학교교육체제 전환, 교육 내용 및 학습 형식 전환 등을 기대하기는 간단치 않다. 그간 단발성이긴 하지만 '국립대학 통합네트워크', '사립대학이 참여하는 공동학위 네트워크' 등이

---

18. 한국교육개발원 교육여론조사(KEDI POLL 2018)에 따르면, 우리나라의 대학서열화에 대한 변화 전망을 묻는 질문에 전체 응답자의 82.2%가 서열화가 더 심화되거나 큰 변화 없을 것이라는 의견을 보였다. 그리고 학벌주의에 대한 질문에 대해서도 전체 응답자의 81.2%는 큰 변화 없거나 심화될 것이라는 반응을 보였다.

발표되었고, 최근 이범은 '대규모 재정 지원을 통한 서울·수도권 공동 입학 네트워크'를 제안한다.[19] 이들 주제에 대한 이해 집단 간 토론을 조직하고 합리적 대안을 찾는 사회적 대화 노력이 필요하다. 그간 추진되었던 갖가지 기술·조정적 차원의 제도 혁신 정책이나 학교교육 혁신 정책들이 한계에 부딪힌 사례를 짚어 보면 그 중심에 대학서열체제가 있음이 확인된다. 이런 점에서 대학서열체제 문제를 배제한 교육혁신 언술은 전형적인 둔사遁辭와 다름없다.

학교운영체제의 공영화共營化

현재 학교운영체제의 특성은 관영官營 체제다. 본디 학교는 '제도적 착상의 소산'장상호, 1990: 49이다. 학교는 제도적 틀로 구성·운영된다. 그리고 학교 운영 과정도 제도적으로 관리된다. 따라서 학교의 존재 방식은 각종 법률, 규정, 지침 등에 기반을 둔다. 학교 규모가 확대되고 학교 조직이 전문화될수록 행정 규정과 지침의 구속력도 커진다. 이로 인해 학교는 표준화되고 외형적 차이가 크게 두드러지지 않는 장점이

---

19. 이범의 주장은 이렇다. 기존에 제출된 국립대 네트워크와 공동입학제는 서울·수도권에 국립대가 희소하기 때문에 가능하지 않다고 본다. 그 대안으로 대규모 재정 지원을 대가로 서울·수도권 사립대를 공동입학 네트워크로 끌어들이는 정책을 주장한다. 즉 교수 1인당 1억 원의 재정 투입을 전제로 고교 졸업자의 3분의 1을 수용하는 공동입학 시스템을 설계하자는 주장이다. 정부 예산의 1%(5조 원)가량을 투입해서 대입 경쟁을 현저히 완화시킬 수 있다는 것이다. 즉 전공별 선지원 추첨배정 형식의 공동입학제를 도입하면, 인기 전공을 위한 경쟁이 일어나겠지만, 인기 대학을 위한 경쟁은 완화될 것으로 예측하는 것이다. 이범(2019), 『교육개혁의 핵심 가치, 공정·선진·자유』, 『한국의 논점 2019』, 북바이북, 137-148.

있다. 그러나 학교에 대한 '제도적 관리'의 또 다른 의미는 규제다. 학교 구성에 적합하지 않은 조건이나 학교가 지향하는 바를 저해하는 요소를 차단하기 위한 장치를 포함한다. 그 형식은 법률에 의한 제도적 규제, 각종 규정이나 지침에 의한 직접적인 규제, 그리고 지원 사업 등에 의한 간접적인 규제(보조금, 중점 사항, 주요 행사, 요구 기준 등에 의한 규제), 여건 제약에 의한 규제 등으로 나타난다.이수광, 2018

문제는 규제가 복합된 상황에서의 단위학교 자율권은 '제도적 자율'로 축소된다는 점이다.[20] 특히 현실을 몰각한 관료적 명령이 빈번해지는 상황에서는 학교가 하급 행정기관으로서의 면모를 더 강화할 수밖에 없다. 이런 조건에서 학교 구성원이 스스로 자치역량을 길러 일상의 문제를 해결하는 민주적 질서를 구축하기란 간단치 않다. 즉 학교가 공유와 협동, 그리고 호혜성을 기반으로 한 새로운 교육 실천 공간으로 확장되기에는 한계가 있다는 점이다.

따라서 학교운영체제를 공영화할 필요가 있다. 즉 학교 구성원의 전면적 참여에 의한 공동운영체제로 전환해야 한다. 이를 위해서는 두 가지 조건이 충족되어야 한다. 하나는 학교 구성원에 대한 지위 재조

---

20. 예컨대 교육청이 요구하는 범교과 계기학습의 경우, 12개의 요구 주제(학교안전교육, 보건교육, 약물오남용·흡연·음주예방교육, 양성평등 및 성교육, 심폐소생술 및 응급처지교육, 생명존중 및 자살예방교육, 정보통신윤리교육 및 인터넷중독예방교육, 식품안전 및 영양·식생활교육, 장애이해교육, 독도교육, 통일교육, 다문화교육)가 정해지고, 교육 대상과 요구 사항(필수 혹은 권장), 수업시수(학년별 시간, 학기당 시간, 교육 대상별 시간), 운영 방법(교과 혹은 창체)까지 세세하게 요구한다. 이런 조건에서 단위학교가 집단적 지혜를 발휘할 여지는 별반 없다. 이런 점에서 당대 학교의 자율성은 '제도적 자율', '타성적 자율'이라 할 수 있다.

정이다. 즉 학생, 교사, 학부모가 학교의 공동 주인 지위를 나눠 갖는 것이다. 다른 하나는 학교 구성원의 전면적·집단적 참여를 위한 시스템을 갖추는 것이다. 전자가 인식 조건이라면 후자는 제도적 조건이다. 제도적 조건이 인식 확장의 매개 기제가 될 수 있다는 점에서, 학생·학부모·교직원회의의 법제화가 중요하다. 특히 학교 주체 자치조직의 법제화는 학교운영체제를 공영화하는 데 결정적 조건이 될 수 있음에 주목해야 한다. 그리고 현재 조건에서도 교직원회와 학부모회의 위상을 공영기구로 높이는 단위학교 차원의 노력이 필요하다. 이에 더하여 교육행정 당국에서는 단위학교를 규율하는 간섭 요소를 과감하게 일몰하는 '전환적 사고'를 더욱 확장할 필요가 있다.

학교운영체제 공영화共營化 효과 중 중요한 하나는 학교 구성원들이 의사결정 과정 참여를 통해 '정서 지분'을 나눠 갖는 것이다. 즉 학교 구성원 각자가 학교 발전의 공헌자 지위를 인식하고, 이 지위에 합당한 태세를 갖출 수 있도록 추동하는 계기가 될 수 있다. 이런 점에서 공영共營 시스템은 합리적 의사결정을 위한 제도적 장치이자 다른 한편으로는 정서 지분을 나눠 갖는 인식장치다. 물론 학교 운영의 공영화는 학교 구성원 모두가 서로를 실존적 존재로 존중하는 철학적 기풍을 진작하는 효과를 동반한다는 점도 주목할 대목이다.

교육과정체제 혁신

현행 학교교육과정은 국가수준 교육과정의 통제하에 있다. 국가가 학교교육과정 통제력을 행사하는 중앙집중식 교육과정이다. 국가가 학교교육과정에 대해 통제력을 갖는 경우 교육 목표의 설정과 집행이 가능하도록 하고, 학교 간 교육격차를 감소시키는 데에는 긍정적 효과가 있다. 그러나 달리 보면, 국가가 설정한 성취기준에만 매몰되도록 함으로써 학습의 폭과 깊이, 수업의 질과 개별성을 소홀히 한다는 단점이 제기된다. 그리고 중앙집중식 교육과정에서는 교사의 역할을 매우 제한적으로 설정하고, 교사·학생의 이분법적인 질서를 기본적인 원리로 삼는다.^{손민호, 2012}

이런 문제를 극복하기 위해서는 국가수준 교육과정의 성격을 재규정하고 지침을 최소화해야 한다. 우선 국가수준 교육과정을 교과 편제, 시간 배당, 교과목 내용에 대한 지침보다는 성취 목표 및 학습 내용에 대한 가이드라인 성격으로 전환해야 한다. 즉 학생들이 알아야 하고 할 수 있어야 하는 것을 분명하게 제시하고, 그 성취기준을 중심으로 가르쳐야 할 내용을 제시하는 수준의 안내서 역할로 전환할 필요가 있다. 특히 단위학교가 지역사회 상황과 맥락에 맞는 다양하고 특색 있는 교육과정을 운영하기 위해서는 국가수준 교육과정 편성·운영 가이드라인도 최소화해야 한다. 이는 교사에게 교육과정 기획자 및 실행자의 지위를 실질적으로 부여하는 차원에서도 필요하다.

이에 더하여 교과서 자유발행제 도입을 각 학교급 및 각 교과 영역으로 확대해야 한다. 교과서 자유발행제는 교육 내용의 다양성 확보, 교과서 수준의 질적 향상, 단위학교의 교육과정 운영 역량 제고, 개별 교사의 교과교육과정 운영 역량 신장, 학부모 및 학생의 학교 참여 역량이 향상될 수 있다는 점에서 긍정적이다. 그럼에도 현재 교육부는 전문교과 I (특수목적고 전공과목), 전문교과 II (산업수요 맞춤형 및 특성화고 전공과목) 284책 등에 대해 2020~2021년 자유발행제 적용을 검토하는 단계에 머물러 있다.[21]

단위학교 차원에서는 모든 학생들의 고유성과 독특성이 차별 없이 인정되고 발현될 수 있는 학교교육과정을 구성해야 한다. 특히 학생들이 자기 고유성·독특성을 열정적으로 발현할 수 있으려면 학교가 '실험과 상상의 플랫폼' 구실을 해야 한다. 따라서 삶과의 연계성을 높인 교과수업 설계, 초월적 사유를 촉발하는 주제 수업, '일상의 구조성'과 '인식의 식민성'을 확인하기 위한 프로젝트 수업, 존재 물음을 자극하는 참여활동, 노동의 일상성을 확인할 수 있는 진로체험활동, 다양한 취향과 특성을 고려한 체험활동, 나아가 학생의 자치와 자율을 폭넓게 보장하는 학교문화가 조성되어야 한다. 실험과 상상이 나선형처럼 겹쳐질 때, 학교는 삶의 집적 공간이자 의미 형성의 장이 될 수 있는 것이다.

교원 성장 경로 다양화

당대 교직사회에서 일반화된 교원의 성장함수는 〈교대·사범대에서

---

21. 교육부(2019). 〈교과용 도서 다양화 및 자유발행제 추진 계획(안)〉.

의 임용고시 준비〉 → 〈임용고시 합격〉 → 〈승진 준비·경쟁〉 → 〈교감 승진〉 → 〈교장 승진〉이다.이수광, 2018: 91-92 이러한 성장함수에는 크게 두 가지 문제가 뒤따른다. 하나는 교사의 업業의 개념, 즉 사명의식이 '지식 전수자' 차원으로 단조롭게 고착된다는 점이다. 이는 학생들이 '삶의 태도'(한 개인이 타인을 대하는 방식이기도 하지만 더 중요하게는 자신을 규정하는 삶의 방향)를 올바르게 형성할 수 있도록 돕는 존재로서의 교사상과는 거리가 멀다. 실제로 교사가 당대의 일반화된 성장함수를 따르자면, 각종 승진 점수를 세세하게 관리하는 '점수 챙기는 교사'가 되어야 한다. 그러자니 교사들 사이에서는 승진 점수를 우선 생각하는 '인지 단일화'가 나타나고, 점수 경쟁 과정에서 갖가지 기괴한 풍경도 연출되곤 한다. 문제는 이러한 교직 풍토에서는 학교자치, 협업, 공영共營의 가치가 고양될 가능성이 낮다는 점이다. 이런 점에서 현재의 용속한 교원의 성장함수를 재구성할 수 있는 환경 조성이 중요하다.

장차 두 방향의 정책이 켤레로 도입될 필요가 있다. 우선은 교육대학과 사범대학의 교육과정을 혁신적으로 개편해야 한다. '교수 전문가'를 목표로 하는 것이 아니라 '지성적 교사'를 육성하기 위한 교육과정으로 전환해야 한다. 교사가 시대정신의 담지자이자 일상적 민주주의자가 될 수 있도록 관련 내용들이 중요하게 다루어져야 한다. 교육대학과 사범대학 교육과정 혁신과 동시에 추진되어야 할 것이 바로 교사 선발·임용제도의 혁신이다. 가르침에 관한 기술·기능적 능력보다는 교사다움을 구체화하는 여타의 조건(인간 존재에 대한 철학적 이해 능력, 교육교양, 시대정신, 민주성 등)들을 판단할 수 있는 선발·임용제도로 전환해야 한다.

교원의 성장함수를 새롭게 할 수 있는 또 다른 방안은 '교장공모제 확대' 정책이다.[22] 교육적 양심을 지키는 소신 있는 교장, 학교민주주의 수호자로서의 교장, 학교 구성원의 민주적 통제 속에서 권한을 행사하는 교장이 교직사회에 진입할 수 있는 제도적 공간을 확보할 필요가 있다. 이런 조건에서 삶의 품격과 인간적 기품의 가치를 강조하는 교육이 구체화될 수 있을 것이고, 학교자치 및 학교민주주의의 가치도 더욱 고양되고 확장될 것이기 때문이다. 무엇보다도 교직사회에 다양한 성장함수가 가능하다는 메시지가 중요하다. 이런 메시지가 교직 활력화의 넛지nudge 전략이 될 수 있기 때문이다.

장기적으로는 학교 구성원이 교장을 직접 선출하는 교장보직제 도입을 검토해야 한다. '학교자치' 실현이란 맥락에서 교장 자격증 제도의 문제를 지적하는 목소리는 오래되었다. 근무평정 경쟁에 따른 수직적 관료문화의 심화, 이로부터 파생되는 갈등과 반목, 공통의식의 부재 등의 문제가 학교자치를 어렵게 한다는 것이다. 일부 교원단체와 시민단체들은 교육자치 실현을 위해서는 교장선출보직제 도입이 중요

---

22. 한국교육개발원 교육여론조사(KEDI POLL 2018)에 따르면, 교장공모제도의 확대에 대해서도 56.2%인 과반 이상이 찬성하는 것으로 나타났다. 이는 학교의 철학과 비전에 맞는 교장 리더십에 대한 관심과 요구를 반영한 결과로 해석할 수 있다.

하다고 판단하고 2018년 12월 국회에 입법을 청원했다.[23] 따라서 학교 자치 관점에서 학교장의 지위, 역할과 직무, 책임의 범위, 지위 부여 방식 등에 대한 검토와 재설계를 위한 공론화 과정이 조직되어야 한다.

사회정책의 병행 추진

우리나라에서 대학은 신분 유지 또는 상승의 절대적 통로이고, 대학입시는 그 통로상에서 결정적인 갈림길로 인식된다. 대학입시 경쟁이 그토록 치열한 이유가 여기에 있다. 이런 점에서 대학입시는 교육과정상의 일이지만 전형적인 사회학적 문제다. 그것도 엄청나게 과부하가 걸려 있는 사회학적 문제이기에 애당초 교육적인 관점에서만 접근하는 것은 한계가 있을 수밖에 없다.이태수, 2016: 143 따라서 새로운 교육체제로 전환하기 위해서는 교육정책과 맞물려 있는 사회정책이 병행 추진되어야 한다.

우선 교육혁신 정책과 맞물려 추진되어야 할 사회정책 중 하나는 지위배분 통로의 다변화 정책이다. 사회적 지위를 누릴 수 있는 혹은 비슷한 소득을 누릴 수 있는 길이 여러 갈래 있다면 지위 경쟁도 다변화될 수 있다. 이럴 경우 학교교육 혁신 정책들은 긍정적 효과를 내게

---

23. 전국교직원노동조합(전교조)과 참교육을위한전국학부모회(참학), 평등교육실현을위한전국학부모회(평학)는 윤소하 의원(정의당)과 함께 이 같은 내용을 담은 2만 758명의 입법청원서를 2018년 12월 4일 국회에 제출했다. 이들 단체는 "근무평정과 자격증제로 뒷받침하는 현 교장 임용제도를 개혁하는 한편 학교 민주화와 학교자치 실현을 위한 포석을 마련하고자 한다"라고 설명했다. 그리고 구체적으로 교육공무원법과 유아교육법, 초·중등교육법 등 3개 법안 개정을 청원했다(『교육희망』 2018. 12. 4).

될 가능성이 있다. 그런데 문제는 지위 경쟁이 단선적으로 이루어지는 상황에서의 다양한 혁신적 시도들은 대개 '단선적인 지위 경쟁에서 이길 수 있는 수단의 다양화'로 귀결될 수밖에 없다는 데에 있다. 그리고 이러한 현상은 두 가지 문제를 추가적으로 야기하는데, 하나는 지위 경쟁에서 뒤처지지 않기 위해 어쩔 수 없이 해야 하는 방어적 지출 defensive expenditure로 사교육비가 지출된다는 것이다. 다른 하나는 공교육 정상화 정책이 도리어 모든 학교급에서 경쟁을 촉발시키므로 경쟁의 시기를 앞당기는 역설을 낳는다는 것이다.안병영·하연섭, 2015: 404

왜 입시 성공에 집착하는가? 왜 고등학교는 입시 위주 교육과정을 운영하는가? 학생들은 왜 점수 따기 방식의 학습에 골몰하는가? 이는 입시공부가 좋아서라기보다는 그것이 '생존적 가치'를 갖고 있음을 알기 때문이다. 대학이 그리고 그 상위 구조에서 성적·점수나 학력을 의미 있게 반영하는 인센티브 시스템이 작동하기 때문이다. 이러한 교육 모순을 극복하기 위해서는 지위배분 통로의 다각화와 인센티브 시스템을 개혁하기 위한 사회정책이 동반되어야 한다.[24] 한국 사회에서 학력과 학벌은 하나의 권력이다. 이 권력은 이전과는 달리 비집중적이

---

24. 2016년 기준 한국 성인(25~64세)의 학력별 임금을 살펴보면, 고교 졸업자의 임금을 100으로 봤을 때 전문대 졸업자 임금은 116, 대학 졸업자는 149, 대학원 졸업자는 198이었다. 전문대 졸업자 임금은 OECD 평균(123)보다 낮았지만, 대졸자와 대학원 졸업자는 OECD 평균(각 144, 191)보다 높아 고졸자와의 임금격차 역시 OECD 평균보다 큰 것으로 조사됐다(교육부, 2018). 그리고 고용노동부의 '고용형태별 근로실태조사'에 따르면, 2017년 6월 현재 임금노동자 1인 이상 사업체의 정규직이 받는 시간당 임금 총액(초과급여 등 포함)은 1만 8,835원으로, 비정규직은 1만 3,053원으로 나타났다. 그리고 비정규직 임금은 정규직에 견줘 69.3% 수준에 이르는 것으로 조사되었다.

고 비가시적인 방식으로 움직인다. 그래서 표적화하기가 쉽지 않다. 이들 권력은 사회 속에서 움직이는 욕망 양식과 삶 양식의 변조 과정으로 실재한다. 이런 점에서 학력 및 학벌 권력은 일상의 지각과 욕망과 사유와 행위의 양식을 구성하는 하나의 흐름 권력이다. 이러한 흐름은 민주적 교육 질서 구성을 방해한다. 미래적 관점에서 보자면, 퇴행적이기도 하다. 따라서 학력·학벌 차별 구조와 풍토를 전환할 수 있는 효율적인 정책조합Policy Mix을 구안하고 이에 대한 개방적인 논의가 필요하다.^{이수광 외, 2016: 236}

구체적으로 학력·학벌차별 개선을 위한 법제화 노력이 병행되어야 한다.[25] 우선은 합리적인 이유 없이 학력 또는 출신 학교를 이유로 차별하는 행위를 금지하고 있으나, 보다 근본적으로 학력차별을 방지할 수 있는 법률의 제정이 필요하다. 학력·학벌차별금지법률에는 특히 두 가지 점이 반영되어야 한다. 하나는 학력·학벌차별이 간접적으로 일어날 수 있기 때문에 '간접 차별' 또한 차별로 인정하는 내용과 다른 하나는 차별이 내밀하게 이루어질 가능성이 높기 때문에 공익신고자 보호법의 대상에 포함시킨다는 규정이다. 그리고 학력·학벌차별금지에 관한 법률 외에 일반적 사유에 의한 차별을 금지하는 '차별금지법'을 제정할 필요가 있다. 또한 「지방대학 및 지역균형인재 육성에 관한

---

25. 한국교육개발원 교육여론조사(KEDI POLL 2018)에 따르면, 학벌주의 완화를 위해 학력차별을 법으로 금지하는 방안에 대한 의견에 찬성한다는 응답은 55.5%로, 반대한다 23.3%에 비해 높게 나타났다. 이 같은 응답률에는 학력차별을 막을 수 있는 법적·제도적 장치 마련에 대한 사회적 공감대가 반영된 것으로 볼 수 있다.

법률」, 「고정정책기본법」, 「공공기관 지방이전에 따른 혁신도시 건설 및 지원에 관한 특별법」, 「평생교육법」, 「국가공무원법」 개정으로 학력·학벌차별 구조를 개선할 수 있는 기반을 구축할 필요가 있다.이수광 외, 2016: 230

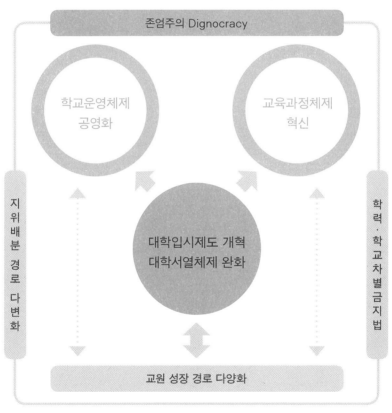

[그림 3] 교육체제 전환 핵심 관문 정책 조감도

다시, 기억을 벼려야 할 이유

"함께 죽였고 함께 구하지 않았으므로 외면하고 망각할 권리가 우리에게는 없다."[26]

슬픔과 비극의 크기는 참회와 변화의 크기로 이어져야 한다.박명림, 2014 그렇다면, 4·16 이후 우리 사회의 변화는 슬픔과 비극의 크기에 값하고 있는가? 참사 당시의 성찰과 각성은 교육 질서의 혁신으로 이어지고 있는가? 무람하지만, 근본을 짚던 문제의식은 축소되고, 말은 퇴영하고, 실천은 무뎌진 느낌이다. 퇴행과 역진의 징후도 포착된다. 다소 극단적인 주장처럼 보이지만, '공부'나 '학교' 개념에 대한 오염도 심각한 수준이다. 즉 '공부' 혹은 '학교'라는 개념이 본질적인 의미를 담기보다는 편벽한 의미(입시 준비, 변별기관 등)로 수렴되는 경향이 짙어지는 느낌이다. 학교 주체들도 '절대적 피해자'(자신이 피해자라는 사실조차 모를 만큼 왜곡된 삶을 사는 존재)의 삶을 이어 간다. 이런 현실을 감안할 때, 교육의 미래 전망은 어둡고 비관적이다. 세월호 참사 5주기를 맞아, 우리는 다시 기억을 날카롭게 벼려야 한다. 세월호 참사에 대한 공모의식을 견지하면서 새로운 교육체제(4·16교육체제)로의 전환을 위한 담대한 실천을 기획해야 한다. 이것이 세월호 참사에 대한 화석화를 넘어설 수 있는 일이다.

---

26. 참사 당시 고잔동 천변에 걸린 현수막 글귀다.

특히 기억이 과거의 경험을 현재화하면서 미래의 '우리'를 새롭게 조성하는 기제가 되기 위해서는 '기억의 정치'가 중요하다. 즉 박제화되거나 문화적으로 소비되는 기억을 넘어서기 위해서는 '체제적 인식'을 밑감으로 삼을 필요가 있다. 요컨대 '체제적 제약'이 사방을 에워싸고 있는 현실에서 기술·조정적인 정책 배열만으로는 교육모순을 극복하는 데 한계가 있다는 인식이 중요하다. 따라서 세월호 참사를 교육체제 전환의 기회로 삼고자 한다면, 중도적 정책 접근(예컨대 학점제, 자유학기제, 혁신학교 등)에 더해 과감한 핵심 관문을 주된 혁신 의제로 설정할 필요가 있다.

다시 우리 스스로에게 묻자. 교육계가 감당해야 할 집단적 책임은 무엇인가? 우리 교육 시스템에는 어떤 문제가 있는가? 더 나은 사회를 위해서는 어떤 시스템을 상상해야 하는가? 교육체제 전환을 위해서는 (4·16교육체제) 어떤 구조축을 혁신해야 하는가? 이를 현실화하기 위해서는 개혁연합을 어떻게 구성하고 이를 누가 추동해야 하는가? 개혁연합을 공고화하기 위해 경기도교육청은 어떤 역할을 해야 하는가? 무엇보다 중요한 질문이 있다. 바로 우리가 참사 당시 약속했던 맹세의 언술은 아직도 유효한가? 왜 우리는 4·16에 대한 기억투쟁을 해야만 하는가? 이문재 시인의 호소를 다시 새길 때다.

일찍이 아인슈타인이 말했다. "어떤 문제를 일으킨 사고방식으로는 그 문제를 해결할 수 없다." 전혀 다른 성찰과 상상이 필요하다는 것이다. 보다 근본적이고 포괄적이고 장기적 관점을 공유하라는 것이다.

그것이 바로 교육의 혁신이다. 세월호 희생자들에 대한 최선의 애도가 교육을 바로 세우는 일이고, 미증유의 사회적 트라우마를 치유하는 길 또한 교육을 혁신하는 일이다. 애도가 개인적 우울로 전락하지 않고, 치유가 정치적 전략으로 둔갑하지 않으려면 교육이 달라져야 한다. 세월호 참사가 공감하는 인간, 협동하는 사회로 가기 위한 전환점이 되지 않는다면 우리에게 미래는 없다.이문재, 2014

| 참고문헌

- 경기도교육청(2018). 『4·16 세월호 백서』.
- 교육부(2014). 〈생명존중·안전사회 구현을 위한 교육 분야 안전 종합대책〉 발표 보도자료(2014. 11. 11).
- 교육부(2015). 〈유·초·중·고 발달단계별 학교 안전교육 7대 영역 표준안〉 발표 보도자료(2015. 2. 26).
- 교육부(2018). 「OECD 교육지표 2018」 결과 발표.
- 교육부(2019). 〈교과용 도서 다양화 및 자유발행제 추진 계획(안)〉.
- 김기수·김위정·강명숙·김용·류성창·손다정(2017). 〈인간 존엄 교육론 연구〉. 경기도교육연구원.
- 김명인(2016). 「세월호와 함께 살아가기」. 『황해문화』 91, 91-125.
- 김영하(2014). 「South Korea Tragic Failure」. New York Times, May 6, 2016.
- 김우창(2014). 「'평범한 악'이 대한민국을 침몰시켰다」. 2014. 5. 1. http://www.hani.co.kr/arti/opinion/column/635444.html
- 김종엽(2010). 「인간 존엄성-인간중심적 사고의 부활인가?」. 『철학과 현상학 연구』 47, 37-67.
- 김종엽(2014). 「이해와 이데올로기 사이에서-세월호 참사에 대한 몇 가지 고찰」. 『경제와 사회』 104, 81-111.
- 김종영(2019), 「한국 대학의 몰락… 위대한 대학 없이 위대한 사회 없다」. 『교수신문』 2019. 1. 3.
- 나임윤경(2012). 「한국 가정은 애정공동체 아닌 대입 프로젝트 공동체」. 『경향신문』 2012. 1. 3.
- 박명림(2014). 「국가의 정명과 정도를 찾자」. 『한겨레』 2014. 5. 6. http://www.hani.co.kr/arti/PRINT/635716.html
- 박민규(2014). 「눈먼 자들의 국가」. 김애란 외. 『눈먼 자들의 국가』. 문학동네,

45-65.

- 박복선(2017), 「학교와 민주주의」. 『가장 민주적인, 가장 교육적인』. 교육공동체벗, 12-31.
- 손민호(2011). 「교육과정 상상력을 통한 실천, 실천을 통한 배움이 공동체로 거듭나기」. 학교혁신과 창의지성교육의 세계적인 흐름[국제혁신교육 심포지엄 (2011. 6. 2-6. 3) 자료집].
- 신명호(2011). 『왜 잘사는 집 아이들이 공부를 더 잘하나』. 한울.
- 신샛별(2015). 「부모의 자리에 서서」. 『창작과비평』 168(2015 여름). 창작과비평사, 32-51.
- 안병영·하연섭(2015). 『5·31 교육개혁 그리고 20년』. 다산출판사.
- 영, 아이리스 M.(Iris Marion Young)(2013). 『정의를 위한 정치적 책임』. 허라금·김양희·천수정 옮김. 이후.
- 이문영(2017). 『웅크린 말들』. 후마니타스.
- 이문재(2014). 「세 번째는 마지막이다」. 『경향신문』 2014. 5. 23. http://news.khan.co.kr/kh_news/khan_art_view.html?art_id=201405232112095
- 이범(2019). 「교육개혁의 핵심 가치, 공정·선진·자유」. 『한국의 논점 2019』. 북바이북, 137-148.
- 이수광(2018). 「학교체제 전환의 상상력: '학교문법' 재구성과 정책과제」. 『더 나은 세상을 위한 학교혁명』. 살림터, 70-94.
- 이수광·김위정·오동석·김성수·이은경(2016). 〈학력·학벌차별 개선 정책과제 및 법제화 방안 연구〉. 경기도교육연구원.
- 이수광·백병부·오재길·이승준·이근영·임선일·이병곤·강일국·김기수·유성상(2015b). 〈4·16교육체제 비전과 전략 연구〉. 경기도교육연구원.
- 이수광·장은주·백병부·정동욱·오재길·이승준·이근영·임선일·이병곤·홍섭근(2015a). 〈4·16교육체제 수립 기초 연구〉. 경기도교육연구원.
- 이수광·정진헌(2008). 「입시학원과 공교육의 정상화」. 『교육, 환상과 두려움을 넘어서』. 희망제작소, 57-72.
- 이태수(2016). 「사람과 사람이 만나는 일」. 『공동체의 삶』. 민음사, 135-163.
- 장상호(1990). 「교육의 정체 혼미와 교육학의 과제」. 『교육이론』 5(1), 21-64.

- 장은주(2012). 『정치의 이동』. 상상너머.
- 장은주(2016). 「메리토크라시와 존엄의 정치-시민적 주체의 형성 문제와 관련하여」. 『사회와 철학』 32, 47-78.
- 정연구(2016). 「세월호 보도를 통해 본 한국의 언론 현실」. 『세월호가 남긴 절망과 희망』. 한울
- 정은희(2014). 「재독 철학자 한병철, "세월호 살인자는 선장 아닌 신자유주의"」. 〈민중언론 참세상〉. 2014. 4. 29. http://news.jinbo.net/news/view.php?board=news&nid=74144&page=9&category1=38
- 조한혜정(2018). 『선망국의 시간』. 사이행성.
- 지주형(2014). 「세월호 참사의 정치사회학: 신자유주의의 환상과 현실」. 『경제와 사회』 104(2014 겨울), 14-55.
- 한경구(2000). 「위기의 인성과 21세기 한국 사회」, 『열린지성』 8(2014 가을·겨울), 134-149.
- 임소현·박병영·황준성·허은정·백승주·이지원(2018). 「한국교육개발원 교육여론조사(KEDI POLL 2018)」.
- 한민복(2014). 「숨 쉬기도 미안한 4월」. 〈CBS라디오 김현정의 뉴스쇼〉. 2014. 4. 29.
- 홍성국(2018). 『수축사회』. 메디치.
- 후지이 다케시(2019). 『무명의 말들』. 포도밭.

- 『경향신문』(2014. 5. 18). 「서울광장 '가만히 있으라' 침묵시위」. http://news.khan.co.kr/kh_news/khan_art_view.html?artid=201405011533511&code=940202
- 『경향신문』(2018. 11. 26). 「수능 문제점 함축한 '국어 31번'」. http://news.khan.co.kr/kh_news/khan_art_view.html?artid=201811262059015&code=990100
- 『교육희망』(2018. 12. 4). 「교사·학부모 2만 1천 명 "교장 자격증 없애고, 선출보직제" 입법 청원」. http://m.news.eduhope.net/a.html?uid=21043
- 『시사IN』(2018. 6. 19). 「한국에서 겪은 전무후무한 일」. https://www.sisain.

co.kr/?mod=news&act=articleView&idxno=32086

• 『한겨레』(2016. 5. 13). 「단원고 학생들 '약전' 헌정」. http://www.hani.co.kr/
arti/society/society_general/743785.html

• 『한겨레』(2018. 12. 4). 「2019학년도 수능 '불수능'으로 확인… 평가원 "난
도 조절 실패 송구" 사과」. http://www.hani.co.kr/arti/society/schooling/
873011.html

2부

4·16,
어떻게 기억할 것인가?

−2019년 4·16 심포지엄 라운드 테이블

일시	2019년 4월 9일(화) 15:35~17:15
장소	경기도교육연구원 대강당
토론 진행	김현정(CBS PD)
토론자	곽노현(전 서울시교육청 교육감)
	김현국(정책연구소 미래와 균형 연구소장)
	양지혜(청년정치공동체 너머 대표)
	오윤주(숙지고등학교 교사)
	임하진(광휘고등학교 학생)
	전명선(전 4·16세월호참사가족협의회 운영위원장)
	박구용(전남대학교 교수)
	이택광(경희대학교 교수)
	이수광(경기도교육연구원 원장)

김현정 안녕하세요. (청중 박수) CBS 라디오 〈김현정의 뉴스쇼〉를 아침 7시 반부터 9시까지 진행하고 있는 김현정 PD 겸 앵커입니다. 사실은 제가 오늘 아침 새벽 3시 반에 일어났어요. 한 세 시간 반 정도 잔 것 같습니다. 이렇게 평일 낮에 진행하는 세미나 강연 요청이 많지만 거의 참석을 못 해요. 대부분 거절을 하는데, 오늘 행사는 워낙 뜻깊은 행사이고, 꼭 함께하고 싶은 욕심이 생겨서 무리하게 달려왔습니다.

사실 오늘 주제가 무거운 주제라서 많이 웃기가 뭐합니다만, 이런 허심탄회한 자리가 마련되었다는 것만으로도 저는 우리 사회가 한걸음 나아갔다는 생각이 듭니다. 그런 의미에서 어떻게 보면 하늘에 있는 우리 아이들도 오늘 이 자리를 보면서 흐뭇해하지 않을까 싶어요. 네. 그래서 우리가 참 웃기 어려운 주제입니다만 희망을 바라보자는 생각에서 좀 웃으면서 담담하게 라운드 테이블 이끌어 갔으면 좋겠습니다. 오늘 이야기를 함께 나눠 주실 분들이 계시는데, 이분들이 어떤 배경에서 이 자리에 함께하게 되셨는지 말씀을 들으면 오늘 이야기를 이해하시는 데 도움이 될 것 같습니다. 그래서 한 분, 한 분 짧게 본인이 누구신지, 어떻게 참석하게 되셨는지 직접 소개를 해 주시죠.

전명선 반갑습니다. 저는 4·16 가족협의회 전 운영위원장이었고요. 찬호 아빠 전명선이라고 합니다. 반갑습니다.

(청중 박수)

임하진 안녕하세요. 광휘고등학고 학생 임하진입니다.

(청중 박수)

김현정 하진 학생은 조금 전에 저한테 와서 너무 떨린다고 했는데, 참 귀엽죠? '하진아! 떨지 말고, 그냥 생각나는 대로 열심히 해'라고 얘기를 했거든요. 우리 하진이 이야기할 때 박수 많이 쳐 주세요! 고맙습니다. 그리고 그다음 분?

오윤주 안녕하세요. 숙지고등학교 교사 오윤주입니다. 무겁고 어려운 자리라 어떤 말씀을 드려야 할지 잘 모르겠습니다만, 교사로서 4·16을 어떻게 바라보고, 또 그 이후를 어떻게 그려야 할 것인가에 대해 조그마한 생각을 좀 보태 보려고 합니다. 감사합니다.

(청중 박수)

김현정 아, 선생님. 그러니까 4·16 참사 당시에도 고등학교 선생님이셨어요? 아, 그때는 중학교 선생님이셨군요. 그럼 우리 하진 양은 그때?

임하진 중학교 1학년이었습니다.

김현정 네, 다음은 양 대표님?

양지혜 안녕하세요. 저는 5년 전 세월호 참사 때 고등학생이었고, 4년 전 경기도교육연구원에서 주최했던 4·16교육체제 수립을 위한 토론회에 참석했던 기억이 납니다. 이런 인연이 있는데, 제 이름은 양지혜이고요. '청년정치공동체 너머'라는 단체의 대표를 맡고 있습니다.

(청중 박수)

김현정 반갑습니다. 다음은 김현국 소장님?

김현국 정책연구소 〈미래와 균형〉의 소장 김현국입니다. 반갑습니다. 저를 부르신 이유는 5년 전 세월호 참사 당시에 경기교육청에서 정책기획관으로 일했던 경험 때문이 아닌가 싶습니다. 오늘 좋은 말씀 듣겠습니다.

김현정 네, 조금만 부연을 하자면 제가 이 명단을 보고 질문을 드렸습니다. "김현국 선생님은 그날 그 당시에 어떤 일들을 하셔서 이 자리에 오시는 걸까요?" 하는 질문을 드렸는데, 그 당시에 경기도교육청에서 실질적인 실무 총괄을 담당하셨다고 하더군요. 참사 당시에는 교육감이 공석이었던 거죠?

김현국 네.

김현정 그렇죠. 교육감이 공석이었기 때문에 팽목항과 안산을 왔다 갔다 하시면서 그 모든 것을 지휘했던 분이라 그때의 아픈 기억으로 지금 말씀을 제대로 잇지 못하고 계시는 건데, 그럼 지금은 어디 계시는 거죠?

김현국 아, 정책연구소 소장.

김현정 정책연구소의 소장으로.

김현국 당시 교육청에서 가장 책임 있는 간부는 여덟 분이었고요. 이 여덟 분들이 상황실을 운영하면서 중요한 의사결정 책임을 졌던 것이지요.

김현정 벌써 울컥하시네요. 알겠습니다. 그리고 곽노현 전 교육감님, 어서 오세요.

곽노현 곽노현입니다. 2010년에 여기 계시는 우리 김상곤 이사장님과 함께 경기도와 서울에서 교육혁신의 깃발을 불어넣었고요. 아마 그런 인연이 이 자리에 오게 된 게 아닌가 싶습니다. 반갑습니다.

(청중 박수)

4·16, 어떻게 기억하고 있는가?

김현정 모두 반갑습니다. 이렇게 하나하나 사연이 있는 분들이 모이셨어요. 오늘 라운드 테이블은 세 개의 테이블로 제가 나눠 봤어요. 그래서 첫 번째 테이블은 '기억', 두 번째 테이블은 '반성', 그리고 세 번째 테이블은 '성찰 그리고 앞으로의 대안'. 이런 것들을 이야기하는 테이블로 나눠 봤는데요. 첫 번째 테이블이 어떻게 보면 가장 중요할 것 같습니다.

기억. 음, 그 당시에 어디서 뭘 하셨어요? 아마 자신이 처했던 상황에 따라서 기억들도 조금씩 다를 텐데요. 저는 그 당시에도 〈김현정의 뉴스쇼〉를 진행하고 있었습니다. 그 날도 아침 9시에 방송을 하고 내려와서 언제나처럼 포털에 붙일 제목을 논의하고 있었죠. 제 왼쪽 방향으로는 항상 YTN이 틀어져 있었는데 갑자기 이상한 장면이 나오기 시작하는 거예요. 사실 선박 사고 종종 발생하죠. 비행기 사고도 종종 있죠. 하지만 사고가 난 후의 잔해들을 본다거나 상황이 종료된 뒤에 모습들을 접하거나 하는 식이었지 그렇게 모든 것이 생중계가 되는 걸 본 적은 없었어요.

세월호가 더 아프고 충격적인 건 바로 그 부분 때문이었어요. '아니. 저 배가 저렇게 가라앉는 모습을 우리가 다 보고 있는데, 왜 아무것도 할 수가 없는 거지? 왜 아무것도 안 하는 거지? 왜 이걸 생중계만 하고 있지? 차라리 생중계가 되지 않았다면, 이렇게 미디어가 발달하지 않았다면. 이렇게까지 아프고, 이렇게까지 트라우마가 심하지 않았을 텐데… 이렇게까지 모두가 죄지은 심정이 되지는 않았을 텐데… 그 장면을 보면서도 아무것도 하지 못했다는 게 너무 가슴이 아팠던 것입니다. 저만 그런 게 아닐 겁니다. 많은 국민들이 '보면서도 구해 내지 못했다'는 죄책감으로 더 괴롭고 더 슬펐을 것입니다. 아까 교수님이 설명해 주셨죠? 자아를 분리시키는 행위인 '애도'가 되지 않고, 우리는 계속 '멜랑콜리'한 상태에 있다고! 이 말씀이 너무 공감이 갑니다. 사고의 전 과정을 직접 생생하게 지켜봤기 때문에… 네. 저의 기억은 그렇습니다.

4·16 참사가 난 이후로는 저는 매일매일이 인터뷰였어요. 한번은 기울어진 배 난간에 매달려 있다가 마지막으로 구조되신 분과 인터뷰를 했는데, 그분은 이미 90도 기울어진 배 난간에 매달려서 계셨는데 누군가가 소화전 밧줄을 던져 줬답니다. 그 밧줄을 잡고 본인은 위로 올라왔고, 또다시 밧줄을 던져 한 명, 한 명 아이들이 그 밧줄을 타고 올라왔는데… 시간이 갈수록 각도가 점점 더 가파르게 되면서 아이들이 밧줄을 잡고, 위로 올라오기가 너무도 어려운 상황까지 되어 버렸다는 거예요. 그 순간, 구조선에서 '이제는 가야 된다'고, 이제는 가야 될 시간이라고 구조대가 자신을 끌더랍니다. 그런데 떠나던 순간에 배 밑에서 보이던 살려 달라고 아우성치던 아이들의 모습이 너무도 선명해서 견딜 수 없다고 하시더군요. 인터뷰를 하시다가 결국 울어 버리시더라고요. 그분도 괴로웠지만 그것을 들어야 하는 저 역시 고통이었습니다. 이렇듯 고통스러운 인터뷰를

내내 계속했습니다.

지금 옆에 앉아 계신 찬호 아버님하고도 제가 인터뷰를 했던 기억이 나네요. 이렇듯 그 당시를 떠올리면 저는 죄책감, 고통, 고통의 인터뷰, 항상 팔목을 꼬집으면서 인터뷰를 했던 기억이 선명합니다. 진행을 해야 하는데 눈물이 나서 눈물을 참으려 팔목을 꼬집어 가며 인터뷰를 했지요. 인터뷰가 끝나고 나면 팔목에 멍이 들어 있었어요. 그게 그날에 대한 저의 기억입니다.

중학생이었던 하진이, 고등학생이었던 양 대표, 오 선생님, 팽목항을 오가던 김 소장님, 다 각자의 기억이 있을 텐데, 제일 아픈 사람은-제일 아픈 분의 기억부터 꺼내서 죄송합니다만-찬호 아버님이실 것 같아요. 그날의 기억….

전명선 저부터 해요?

김현정 하시죠.

전명선 너무 무거우면 안 된다고 생각을 하고, 말하면서 눈시울이 붉어지면 안 된다고 마음을 먹고 왔어요. 제가 표현할 때 너무 감성적이고 약하기 때문에, 이 자리에서 풀어 보자고 할 때 이야기하는 게 어떻게 보면 부적합할 수는 있겠다 싶

어요. 그렇지만 제가 항상 얘기한 게 있어요. 저는 세월호 참사 당일 체육관에는 세 시간 이전에 도착했고, 두 시에 팽목항을 갔는데 아무것도 없는 거예요. 그래서 그때 우리 가족들 몰래, 16일 당일 밤에 주머니에 담배 한 다섯 갑인가 있었는데 그걸 다 피우면서 밤새도록 운 것 같아요. 혼자서 아무도 모르게 누가 볼까 봐서요. 약해져 있는 가장의 모습으로 인해 제 아내와 남은 우리 가족들이 너무 힘들 것 같아서 사실은 그 이후로 지금까지 장례를 치를 때조차 단 한 번도 울어 보지 못했어요. 울어 보지 못한 이유는 세월호 참사 당시의 그 순간이 너무나 두렵고, 또 제 자식 찬호가 안 보이니까 불안하고, 그리고 시간이 점점 지나가면서 참사의 실체를 접하게 되면서는 분노로 이어지는 거죠. 그러면서 더 독해져야겠다고 다짐하게 되었고, 그 상태로 울어 보지 못한 겁니다.

그러나 오늘 이 자리가 세월호 당사자인 피해 가족인 제가 있다고 해서 무거워져서는 안 된다고 생각하고요, 진짜 구체적이고 편안하게 말씀 나누시면 좋겠습니다. 제가 이전부터 철학 교수님들 참 답답하고, 말 재미없게 하신다고 생각했었는데, 오늘 박구용 교수님이 말씀을 재미있게 하셔서, 이런 생각이 잘못된 인식이었다는 것을 알게 됐습니다. 오늘 좀 즐겁게 웃어 가면서, 그러면서 진솔하게 못다 한 얘기, 마음에 담고 있는 이야기를 꺼내 놓는 시간이면 좋겠습니다.

김현정 아버님이 제 눈물을 쏙 들어가게 하셨네요. (웃음) 정말 감사합니다. 사실은 우리가 피해 당사자를 앞에 두고 웃기가 쉽지 않고, 제가 아까 항상 죄지은 기분 같다고, 여기 계신 선생님들도 마찬가지이실 거예요. 그런데 괜찮다. 독하게 마음먹고 얘기하자. 웃으면서 얘기하자. 이렇게 말씀을 해 주시니 감사합니다. 아버님 하실 말씀 얼마나 많겠어요? 하지만 아버님의 기억은 듣지 않아도 들은 거나 마찬가지입니다. 그날의 기억, 세 시, 세 시 반에 달려가셨어요?

전명선 네. 그날 현장을 갔다 왔죠. 현장을 갔다 왔고, 제가 얘기를 너무 많이 하는 것 아닌가 싶은데, 조금 더 해도 돼요?

김현정 조금만 더 하세요.

전명선 그때 그 슬픔, 두려움, 공포. 그런 것들은 사실 오래가지 않았습니다. 저는 이제 스킨스쿠버 경험도 있고, 그날의 바다는 너무나 잔잔하고, 고요했습니다. 그런데 당일 그 밤에 이미 현장을 다녀왔었고, 그다음 날인 17일에도 현장 해역을 나갔습니다. 나가서 밤 10시까지는 있었죠. 밤 10시가 다 되어서 들어왔습니다. 사실은 그때 이미 포기를 했었습니다. 그 포기라는 게 뭐냐면 '내 자식 찬호가 살아 있기가 힘들다'는 것을 알았던 거죠. 그럼에도 찬호 형하고, 제 집사람 그리고 다른 우리 가족들한테 거짓말을 한 거죠.

김현정 뭐라고요?

전명선 '에어포켓에 살아 있을 수 있다. 희망을 가지고 잘 있어라. 아빠가 어떻게든 해 보겠다'고 했어요. 사실상 그날 이후로 울어 보지 못했어요. 가장 먼저 한 것이 자료를 보고 현장에 잠수사를 모시고 가서, 잘 모르니까 그때부터 자료를 모으는 것이었습니다. 그리고 제가 가장 하고 싶었던 것은 세월호 참사의 진상규명입니다. 그때 4월 17일 이후에 결심한 부분이 '이런 참사가 왜 일어났는지, 왜 구하지 못했는지, 왜 죽었는지'를 밝히는 진상규명을 반드시 하겠다는 것이었고요. 이렇게 하는 것이 자식을 지켜 주지 못한 부모로서 해야 할 책임이라고 생각했습니다. 그리고 반드시 책임자를 처벌하고, 제2의 세월호 참사가 없게 하기 위해서 앞으로 남은 나의 삶을 살아가야 되겠다는 결심을 하게 되었고, 그래서 국가를 상대로 여섯 개의 소송을 걸었죠. 증거 보존에 대한 부분이 가장 급했거든요. 사실 언론에 나왔던 것은 똑같은 화면의 거짓이었어요. 그러니 믿을 사람이 없었어요. 정말 믿을 사람이 없었어요. 나중에 제 마음을 조금 더 얘기할 수 있으면 하겠습니다.

김현정 고맙습니다. 그 당시에 고등학생이었던 우리 양 대표님. 그 당시 기억이 어땠어요? 그때 고등학교 몇 학년이었어요?

양지혜 고등학교 2학년이었어요.

김현정 2학년이었습니까?

양지혜 제가 세월호 참사에 대해서 가지고 있는 기억은 되게 복잡한 것 같은데요. 참사가 일어나던 당시에 학교가 굉장히 조용했던 것을 기억합니다. 왜냐하면 그날은 영어 듣기평가가 있었거든요.

김현정 모의고사?

양지혜 아니요. 수행평가로 보는 듣기평가요!

김현정 아, 수행평가요.

양지혜 영어 듣기평가가 있었고, 점심시간쯤에 핸드폰을 가지고 있는 친구들을 통해 세월호가 침몰했다는 소식을 들었고, 전원 구조되었다는 소식을 들었어요. 그리고 야자를 마치고 집에 갔을 때 그렇지 않다는 소식을 접했어요. 이것이 제가 경험했던 세월호 참사의 첫 번째 기억이었습니다. 그런데 저는 사실 그 4·16 참사를 보면서 그날에 있었던 또 다른 죽음에 대한 생각도 가지고 있습니다.

김현정 어떤 겁니까? 또 다른 죽음은?

양지혜 그날 제 친구의 학교에서 고등학교 1학년 학생이 성적 비관으로 자살을 했다는 소식이 있었어요. 그 이후 주검이 치워지고. 그 자리에 꽃 한 다발 놓이지 않았고, 계속 수업이 진행되었고, 기억되지 않는 죽음이었다는 이야기를 들었어요. 저는 세월호 참사 이후에 그때 그 학생의 죽음도 세월호 참사 때 있었던 '가만히 있으라'는 선내 음성과 크게 다르지 않은 목소리로 들렸던 것으로 기억합니다.

김현정 아, 그래요. 잠시 후에 아마 그 이야기 더 할 수 있을 것 같
아요. 그날의 기억. 잠깐 우리 하진이는 어땠어요? 중학생이
었는데, 뭔 일이 났는지는 알고 있었어요?

임하진 저는 그때 중학교 1학년 학생이었는데, 저희 학교는 수련회
가 빠른 편이었어요. 다른 학교는 대부분 5월이나 6월에 갔
는데, 저희 학교는 4월 14일부터 16일까지 2박 3일 동안 수
련회를 갔다 왔어요. 참사 당일 날은 제가 수련회에서 돌아
오는 날이었는데, 집에 오니까 엄마께서 "하진아, 텔레비전
좀 봐 봐. 배가 침몰했대. 그런데 다 구했대." 이렇게 말씀을
하시는 거예요. 저는 다 구했다고 하니까 안심했고, 그날은
피곤해서 잠이 들었어요.

김현정 느낌이 없었죠? 잘 몰랐으니까!

임하진 배가 침몰한 건 큰 사고지만 인명 피해가 없다고 하니까 다
행이다, 정도로만 여겼던 것 같아요. 그런데 다음 날 텔레비
전을 봤는데 배가 침몰하는 모습이 보이고, 화면 한편에 실
종자 삼백 몇 명이라고 나와 있는 거예요. 학교에 가도 온
통 그 이야기뿐이었고요. 나중에 사건의 진실을 조금 알게
되었을 때 제가 느꼈던 감정은 '아니, 아이들이 바닷속에

있는데 왜 아무도 구하지 않는 거야?'라는 생각이 들었어요. 그리고 그때 태어나서 처음으로 배신감을 느꼈어요. 아, 나중에 무슨 일이 생겨도 국가가 나를 절대로 보호해 줄 수 없겠구나 하는 마음이요. 아직까지 세월호 7시간에 대해서는 여러 이야기들이 많잖아요? '구조보다 급한 일이 무엇이었길래 그 상태로 가만히 있었을까?'라는 생각이 들었고, 지금도 들어요.

김현정   제일 솔직한 얘기네요. 중학교 1학년이 보기에, '아니 아이들이 바닷속에 있는데 그걸 다 보고 있는데 전 국민이 생중계를 보고 있는데 왜 못 구하지? 왜 어른들이 못 구해 내고 있지?' 너무도 솔직한 얘기네요. 자, 김현국 선생님! 선생님의 기억도 생생하시죠?

김현국   네. 그때 지방선거 시기였고, 교육청 입장에서는 모처럼 외풍을 신경 쓰지 않고 일 열심히 할 수 있는 시기였어요. 선거 때까지 2개월 동안. 그때 제일 큰일은 경기도청이 교육재정 2조 원을 10년 넘게 안 주고 있었거든요.

김현정   아, 2조 원을요?

김현국   그런데 당시에 한 1조 2,000억
원 정도 받았고, 나머지 8,000
억 원을 어떻게 해서든 받아 내
기 위해서 정말 집중해서 일하
던 시기에 세월호 참사가 터졌
죠. 참사 당일에 모두 비상근무
체제로 전환을 했고, 교육청, 교
육지원청 그리고 많은 학교 교
직원들까지 번갈아 가면서 사건
수습을 위해 노력을 했지요. 현재까지 진상규명도 본격화
되지 못했지만 사건 당시부터 한 달 정도 많은 사람들이 생
존 학생 옆에 같이 있어 주고, 장례 절차 같은 것도 지원하
고, 여러 역할을 했습니다.

김현정   패닉 아니셨어요? 패닉. 지금은 담담하게 말씀하시지만 그
때는 패닉 상태였을 것 같아요.

김현국   그런 분도 많았고요. 개인적으로는 패닉이 왔다기보다는 슬
플 때 슬퍼하고, 화날 때 화내면서 지냈습니다. 어떻게 보면
해야 할 일과 책임이 있는 것 자체가 다행인 점도 있대요.
할 일을 도망가지 않고 하고, 또 남들 안 보는 데 가서 소리

도 질러 보고, 그러면서 지낼 수밖에 없는 시기더라고요.

김현정　알겠습니다. 그날의 기억들 여기 앉아 계신 분들도 각자의 기억들을 지금 꺼내 보셨을 거예요. 그랬던 날입니다. 그랬던 참사, 그날. 여러 가지 문제가 그날 이후로 동시다발적으로 제기가 되었죠. 왜 구해 내지 못했는가. 이것부터 시작해서 우리 사회의 모든 문제가 이 세월호 사건을 중심으로 꺼내졌는데, 오늘 이 자리에서는 교육계의 문제 위주로 집중해 다뤄 보겠습니다. 교육계에서는 어떤 질문들이 그 당시에 던져졌던가. 저는 오늘 발제자님들 말씀을 들으면서 좁게는, 아주 좁게 보자면 선생님들은 그때 무얼 하셨나? 이런 상황에서 어떤 매뉴얼을 따랐던 것인가? 왜 가만히 있으라고 했던 것인가? 여기서부터 시작을 해서 크게 보자면 아까 말씀하셨던 '우리 교육이 어떤 신자유주의 속에서 전체를 향해, 전체의 이익을 위해서 개인이 희생해도 좋다는 그것을 가르쳐 왔던 것은 아닌가. 소위 모든 것들이 결합되어 나타난 문제가 4·16 참사가 아니었던가', 그런 배가 굴러가고, 그런 배를 묵인해 주고, 구조해 내지 못하고, 구조해 내지 못했는데도 제대로 진상규명을 끝까지 철저하게 파헤치지도 못하고, 이런 두루뭉술한 것들이 다 거기서 비롯된 게 아닌가? 이렇듯 좁은 문제제기부터 큰 문제제기까지 모두 가능할 것 같은데요. 곽노현 교육감님 어떻습니까?

곽노현 우리 사회는 세월호 참사가 마치 인성교육과 안전교육에 문제가 있어서 일어난 것처럼 세월호 참사 대책으로 인성교육진흥법을 제정하고 안전교육 시간을 대폭 늘렸습니다. 그렇지만 단원고 학생들이 위기 상황에서 중앙 통제에 따라 가만히 제자리를 지키며 구제를 기다린 건 잘못이 아닙니다. 안전수칙을 위반한 것도 아니고 혼자만 살겠다고 얌체 짓을 한 것도 아니지요. 세월호 참사를 인성교육 문제나 안전교육 문제로 보기 어려운 이유입니다. 주지하다시피 세월호 참사는 선박안전 시스템을 갉아먹은 부패비리와 재난구조 시스템의 오작동에서 비롯된 거지요. 굳이 교육적 함의를 찾는다면 우리 학생들이 어떤 경우에도 부패비리에 물들지 않고 부패비리와 싸워 이길 수 있도록 학교에서 강한 민주시민의식을 길러 줘야 한다는 게 아닌가 싶어요. 실은 교육기본법에 보면 민주시민을 길러 내는 것이 교육의 목적이라고 규정돼 있고, 학교와 교사를 통해서 그걸 하라는 거 아닙니까. 이렇게 볼 때 세월호 참사의 교육적 요구는 학교교육을 통해 반부패의식이 투철한 민주시민을 길러 내라, 학교를 민주시민의식의 충전기지로 만들어 내라는 데 있지 않나 싶습니다.

김현정 충전의 기지요?

곽노현 네. 저는 민주주의가 현실적으로는 한순간만 방심해도 황금
의 지배나 엘리트 지배로 쉽게 변질되기 때문에 민주주의
는 계속해서 민주시민교육으로 충전되어야 한다고 생각해
요. 그런데 세월호 참사 이후에는 그냥 이런 말만 하고 다
닐 수 없어서 (사)징검다리교육공동체라는 민주시민교육
전문단체, 즉 민주주의 충전기지를 직접 만들었던 겁니다.

김현정 그렇군요. 우리 교육이 아이들을 제대로 가르치고 있는가.
민주주의 충전기지 역할을 잘하고 있는가. 이 물음을 던져
야 한다는 말씀이시네요. 오 선생님, 그야말로 일선에서 세
월호 참사를 겪으셨던 분이신데, 그 당시 학교는 어땠어요?
그 당시 선생님들은 어떤 말씀들을 나누셨고, 일선에서 교
육에 대해서 어떤 이야기들을 나누셨는지, 일선 선생님의
반응이 궁금하네요.

오윤주 그때 저는 중학교에 있었는데, 제가 있었던 중학교는 세월
호 참사 바로 다음 날이 축제였어요. 그래서 학생들이 열심
히 부스를 만들고, 체육대회랑 공연 준비를 했던 시점이었
습니다. 그러다 이제 그 뉴스가 나오게 되면서 모든 것들을

철수하고, 다음 날 아주 조용한, 일상적이지만 일상적이지 못했던 하루를 맞았죠.

김현정 선생님들이 잘못하신 건 아니지만 그럼에도 불구하고 자책감이 굉장히 크셨을 것 같아요. 저같이 그냥 방송하는 사람의 자책감도 상당했으니 선생님들의 자책감은 과연 어느 정도였을지….

오윤주 제가 그때 가르쳤던 학생들이 중학교 2학년이었는데요. 중학교 2학년이란, 굉장히 무서운 존재들이잖아요?

김현정 아, 그럼요!

오윤주 제가 중학교 2학년 가르친다고 하면 학교 밖의 친구들이 걱정을 해요. "아휴 어떻게 가르치느냐. 너를 다 이겨 먹을 텐데 참 힘들겠다." 이렇게 얘기를 합니다. 그런데 실제로 교실에서 만나는 중학교 2학년 친구들, 굉장히 예쁘거든요. 그래서 "그렇지 않다. 이 아이들이 어른들보다 훨씬 더 순수하고, 너무 맑고 예쁜 아이들이다"라고, 이렇게 이야기를 합니다. 저는 교사가 학생들에게 가장 가까이 있는 존재이고, 누구보다도 학생들을 사랑하는 존재라고 생각을 합니다. 그래서 그런 참사가 벌어질 때에 어느 교사도 학생들을 구해야 할 책임을 외면하지 않을 거라고 생각합니다. 실제로도 그랬고요. 그래서 바라보는 심정이 내가 가르치지 않은 아이였어도, 모든 아이들이 다 내가 가르친 아이들이었다는 그런 느낌이었습니다. 그렇기 때문에 그런 마음을 학교에서 그 이후에 어떻게 펼쳐 갔는가, 그리고 학교가 어떤 책임을 져야 하는가에 대해서 진지하게 묻는다면 죄책감을 가질 수밖에 없어요. 마음이 무거울 수밖에 없습니다만, 그렇다면 어느 정도의 책임이 있고, 무엇을 어떻게 바꿔야 되는가에 대해서는 잠시 후에 또 말씀드리도록 하겠습니다.

김현정 네. 아, 이 이야기를 좀 이어 갔으면 저는 좋겠는데, 우리 발제자님들도 아까 그러셨어요. 잊지 않겠다고 우리는 그때 약속을 했는데, 결국 이제 교육 문제로 접해 보자면, 여기 계신 분들이 교육계 종사자분들의 입장을 좁혀 보자면 잊지 않겠다는 약속은 교육의 모순을 극복하겠다는 약속인데 우리는 잘 이행하고 있는가. 그 약속을 잘 지키고 있는가. 우리 이수광 원장님께서 그 말씀을 해 주셨던 거잖아요. 일단 잘 지키고 있습니까? 보시기에는.

이수광 굉장히 미흡하다고 생각합니다. 세월호 참사를 계기로 교육체제 전환의 문제의식이 없지는 않았지요. 그런 문제의식과 바람이 결합되어 그해 6월 지방선거에서 진보 성향 교육감들의 대거 당선으로 연결됐다고 봅니다. 저희 연구원에서도 교육체제 전환에 대한 연구가 있었고, 주장도 했습니다만 이를 실행할 수 있는 혁신동력이 부족했지 않나 싶어요. 실행 차원에서 혁신동력이 탄탄하게 구성되지 못한 점이 있고요. 다른 하나는 교육체제가 전환되기 위해서는 목표를 설정하고 구체적인 전략도 치밀해야 하는데, 이런 점에 있어서 부족했다고 생각합니다. 거칠지만 압축해서 말씀드리면, 교육을 근본부터 바꾸라는 요구는 충만했지만 이 요구를 제도화하는 노력은 많이 미흡했다고 할 수 있습니다.

김현정 많이 미흡했다. 그리고 아까 말씀해 주셨듯이 우리는 중학교 아니, 이제는 초등학교, 심지어 유치원에서부터 대학이라는 목표가 세워지는 현실, 그 현실은 그때나 지금이나 하나도 바뀐 게 없잖아요. 소위 좋은 데, 더 좋은 데, 1등부터 순서대로 쭉 줄 세워 놓고, 어디를 향해 갈 것인가. 이 달리는 목표가 하나도 달라지지 않았는데 교육이 바뀌기가 참 어려운 거. 다 통하는 거죠?

이수광 그런 점에서 사회적 합의를 이루기 위한 이 같은 토론 자리가 굉장히 중요하다는 생각이 들고요. 지금 정부에서 추진하고 있는 몇 가지 정책들, 예를 들자면 자유학기제, 학점제 학교, 혁신학교 등 많은 정책들이 추진되고 있긴 합니다만 교육 전반의 변화를 이끌기에는 한계가 있지 않나 싶어요.

김현정 취지는 좋은데.

이수광 네. 그러니까 정부가 여러 정책을 취할 때 목표를 분명하게 설정하고, 교육의 큰 질서를 바꾸기 위한 노력을 해야 한다고 봐요. 그렇게 해야 초등학생이나 중학생들이 현재와 같은 입시구조에서 해방될 수 있지 않겠어요? 현재와 같은 중도 수준의 교육정책으로는 체제 혁신 면모를 보이기에 한계가 있지 않겠는가 싶은 거죠.

김현정 네. 세월호부터 시작해서 교육체제 전환까지 굉장히 큰 이야기들이 오고 갈 것 같은데 어차피 자유로운 장이니까요, 하고 싶은 이야기 하시면 좋겠어요. 네, 손드신 김현국 선생님!

김현국 네. 일단 교육을 이야기할 때 규모가 크다는 속성을 먼저 인정하고 이야기를 시작하면 좋습니다. 대학까지 60만 교원과 800만 학생이 활동하는 공간이 교육입니다. 제가 보기에는 이미 세월호 이후의 교육을 하고 있는 교육자와 학습을 하고 있는 학생들이 잔뜩 생겼어요. 그런데 만일 4·16체제가 우리 사회에서 자리 잡았다고 선포하고 10년이 지난 후에도 어떤 교원, 어떤 학생들은 국가주의 학습을 하고 있을 겁니다. 이게 교육의 특징이에요. 예를 들어서 세월호 사건이 있던 그해 용인제일초등학교 운동회에서 장애 학생과 친구들이 결승선을 손잡고 통과한 일이 있었어요.

김현정 아, 장애 학생이요? 기억해요. 그때 그 아이들과 인터뷰를 했었거든요. 그러니까 반에서 운동회 때 달리기하잖아요. 조별로 다섯 명씩 이어 달리는 거였는데, 장애 학생은 그냥 달리면 무조건 꼴등이었어요. 그런데 나머지 네 명의 아이들이 손을 잡았나, 발을 묶었나 그랬을 거예요. 그래서 발을 맞춰서 결국 같이 공동 1등을 했던, 굉장히 화제가 되었던 그 인터뷰 저도 기억나네요.

김현국 초등학교 6학년 학생들인데, 저는 그 친구들이 '세월호 이후의 학습'을 그날부터 시작했다고 생각합니다. 그리고 작년(2018년) 여름에 있었던 사건이 지난겨울 알려졌는데, 당산역에서 소란을 피우는 취객을 젊은 남자분이 포옹하면서 진정시켰던 사건이 있었죠. 그 젊은 분이 학교에서 그런 학습을 했는지, 아니면 가정에서 학습을 했는지는 모르겠지만 그 장면은 바로 '세월호 이후의 학습'을 한 거라고 봅니다. 세월호 이전의 학습이라고 하는 게 단 하나의 경로만 인정하고, 조금이라도 인기 있는 학교로 가기 위해서 "초, 중, 고 12년 동안의 행복을 희생할 수 있다. 희생할 가치가 있다"는 거였잖아요? 이런 게 세월호 이전의 학습이라면 세월호 이후는 대학 진학을 하지 말라고는 안 하겠지만 12년 동안 순간순간의 일상과 시간에서 행복을 누리고, 다양한 경로를 설계하고, 무엇보다도 인간 존엄이라는 가치가 다른 가치들보다 앞서는 것이죠. 이런 거를 가르치는 학습이 바로 '세월호 이후의 학습'이죠.

저는 이미 수많은 곳에서, 특히 경기도는 더 그렇고요, 세월호 이후의 교육이 시작되고 있다고 봅니다. 그런데 한 가지 더 불행한 것은 선진화라는 담론이 세월호 이전과 이후 현재까지도 우리 사회를 자꾸 아프게 하고 병들게 하는 '잔혹동화' 같은 게 아닌가 싶어요. 보통 동화는 스토리가 끝날 때 모든 문제가 해결되고 잘 살았다는 식으로 끝나요.

김현정　그렇죠.

김현국　그런데 오천만 명이 살아가는 한국이라는 국가에서 그런
　　　　일은 영원히 발생하지 않는데, 사실만 보면 2004년에 한국
　　　　은 선진국에 진입했습니다. 모든 국제기구 자료와 경제학
　　　　교과서에 그렇게 나와요. 그런데 그때부터 한국에는 선진화
　　　　라는 담론이 지금까지 퍼지고 있는데, 그게 선진국 된 지
　　　　15년 되는 사람들한테 선진국 될 준비하자는 거고요. 정책
　　　　하는 분들이나 연구하는 학자들은 다르게 느끼겠지만, 대
　　　　중 다수는 '돈을 벌기 위해서 다른 모든 가치를 우선순위
　　　　를 뒤로 돌리자. 목욕탕 비상구도 창고도 활용하는 게 바
　　　　람직한 일이지, 비워 둬서는 안 된다'고 합니다. 아마 세월
　　　　호 선원들조차 저녁에 술 먹을 때는 '우리는 정치를 선진화
　　　　해야 돼. 교사들이 선진을 해야 돼. 기자들이 선진을 해야
　　　　돼'라고 하면서 술 먹었을 겁니다. 그러면서도 자기 무의식
　　　　이건 의식이건 '나는 돈 벌어야 돼'라는 생각이 여전히 지
　　　　금까지 남아 있는 그런 게 아닐까? 이미 선진국 된 지 15년
　　　　인데, 이제는 매혹적인 선진국이 되어야 하죠. 예를 들어서
　　　　미국도 하루에 총기 사건이 2건 이상 일어납니다. 선진국에
　　　　서는 이상한 일이 아니에요.
　　　　　　다 문제가 있는데 우리는 마치 '어떤 가치에 대해서 합

의하고, 어떤 제도를 합의할 때까지는 아무것도 안 돼'라는 식의 동화 같은 생각 속에 젖어 있는 것이 아닌가? 이런 틀 속에서 세월호 참사도 이번 강원도 산불 사건도 보고 있다고 생각해요. 그러니까 어떤 체제인가 아닌가의 문제라기보다는 수많은 사람들이 선진의 길로 가고 있고, 수많은 사람들은 거기로 안 가고 있거나 심지어는 그걸 거부하고 있다는 식으로 살펴보는 게 어떨까 생각합니다.

김현정 네. 담론이 좀 커졌죠. 선생님 말씀은 교육계가 많이 달라지고 있다는 말씀을 해 주신 거라고 생각합니다. 그럼, 오 선생님! 아까 그 이야기하고 싶다고 하셨죠? 전과 후가 구체적으로 어떻게 달라졌습니까?

오윤주 미리 말씀을 드리자면 달라지고 싶었는데, 크게 많이 달라지지는 않은 것 같다고 말씀을 드리고 싶어요.

(웃음)

김현정 솔직한 고백이신 것 같아요.

오윤주 네. 그러니까 실은 이제 그 일이 있고 나서 달라진 게 있다면, 봄꽃이 더 아름다워 보이게 되었다는 점입니다.

김현정 그게 무슨 말씀이세요?

오윤주 봄꽃이 너무 아름다워 보여서, 봄꽃이 지면 더 깊은 슬픔을 느끼게 되었다는 것. 그리고 아까 여러 선생님들께서 말씀하셨지만 이대로는 안 된다는 생각이 굉장히 강렬해졌다는 것. 그게 달라진 점이라고 생각을 합니다. 그래서 실은 학교민주주의를 어떻게 만들고, 더 학생들을 위하는, 그리고 학생들에 의한 학교를 어떻게 만들 것인가, 이런 고민을 계속 펼쳐 온 것이고요. 이런 고민의 예가 혁신학교이고, 또 자유학년제이고, 또 학생자치와 학습자 주도 학습의 확대라고 생각하는데, 그럼에도 불구하고 아직 멀었다고 생각하는 지점은 있어요. '학생들을 존엄하게 대해야 한다'는 것에 동의를 하지만, 그런데 그 학생들이 막 성인이 되었을 때부터는 이제 각자 인생의 물음 앞에 스스로 답하라고 하면서 세상 밖으로 내보내는 거잖아요?

김현정 그렇죠.

오윤주 학교 밖 세상은 아직까지 변화가 없는데, '너희들은 존엄하니까 너희들이 하고 싶은 거 마음대로 하고, 입시 경쟁도 너무 신경 쓰지 말라'고 얘기할 수가 없는 거죠. 당장 머지 않은 미래에 삭막한 생존 경쟁 속으로 내동댕이쳐지게 되니까요. 아까 이수광 선생님도 말씀하신 '학교의 주변인'들은 장차 환경이 열악한 화력발전소에 근무하거나, 비정규직으로 살거나, 그러다 또 김군처럼, 구의역 사고 같은 일을 당할 수도 있잖아요? 그러니까 어떤 사회적인 큰 변화가 함께 이루어지지 않으면 교육에서의 변화는 '찻잔 속의 태풍'에 그칠 수도 있을 거라 생각합니다. 그럼에도 불구하고 아까 여러 선생님들께서 말씀하신 것처럼, 공공성을 함께 사유하며 만들어 내는 일이 곧 시민사회를 만드는 것인데, 그 것을 할 수 있는 가장 중요한 자리는 학교라고 생각을 합니다.

김현정 그럼에도 불구하고 학교에 희망이 있다!.

오윤주 그럼에도 불구하고 어렵지만 학교에서 그 공공성을 만들기 위해서, 미래에 학생들이 시민이 될 수 있게, 지금 이 순간 학교에서 학생들이 시민으로 살 수 있도록 노력을 해야 한 다고 봅니다.

김현정 조금씩 변하고는 있죠? 조금씩.

오윤주 네. 실은 제가 학교 다녔던 때에 비하면 굉장히 많이 변했
어요.

김현정 아, 그래요. 제가 학교 다녔던 때에 비해서도 많이 바뀐 것
같더라고요.

오윤주 저희 때엔 따귀도 맞아 가면서,
출석부로 머리를 맞기도 하면서
학교를 다녔지요.

김현정 저도 출석부로 여기 다 맞으면
서. (웃음)

오윤주 제가 그렇게 불량한 학생은 아니
었는데도 말입니다.

김현정 왜 이렇게 출석부로 때렸는지 모르겠어요. 그때는.

오윤주 시험에서 틀린 문제 수만큼 매를 맞는 일도 흔했어요.

김현정 그러니까요. 저는 불려 나가서 수학 성적을 칠판에 적었던 기억이 있는데, 그때부터 수학 포기했거든요. 그런 것을 시키지 않으셨으면 그때에 비하면 많이 좋아졌네요. 정말.

오윤주 수업 시간에 한 번도 토론이나 발표 같은 걸 해 본 적도 없었습니다. 그런데 그러던 학생이 지금 교사가 되어서 그런 수업을 하고 있거든요. 스스로 굉장히 자랑스럽게 생각합니다.

김현정 아, 선생님. (웃음)

오윤주 그러니까 실은 더 나은 미래에 대한 일종의 희망도 그래서 얻게 되는 거죠. 어떤 교육체제나 사회체제 속에서도, 자라나는 학생들은 좋은 삶과 사회를 향한 지향을 스스로 만들어 가면서 자기의 모양대로 성장해 나갑니다. 그런 자생적인 바람과 모색들을 어떻게 더 잘 이루게 할까 하는 교육적 고민들이 오늘날의 학교를 좀 더 나은 모습으로 바꾸어 온 것이 아닐까 싶습니다.

김현정 그렇죠. 조금씩, 조금씩 변하고 있는데 거기에 세월호는 그래도 조금 더 속도를 더하게 하는 변화를 주지 않았는가.

변화의 계기가 되지 않았는가. 그 말씀.

오윤주 저는 그런 변화가 더 잘 이루어질 수 있게 도와주는 게 학교의 역할이라고 생각합니다.

김현정 좋은 말씀이십니다. 곽노현 교육감님 손드셨어요.

곽노현 네. 그 세월호 참사가 나고 나서 두 달 후에 선거가 있지 않았습니까?

김현정 네.

곽노현 그때 열세 분의 진보 성향 교육감들이 당선되면서 이제 명실상부한 진보 교육감 시대를 열게 돼요. 그 이후 지금 5년이 지나고 있는데요. 그동안에 변화가 있었습니다. 최근에 발표된 교육부 자료에 따르면, 한 4만 명 정도 대상으로 학교생활 행복도 조사를 했는데 행복도가 지난 4년 동안 꾸준히 증가했습니다.

김현정 행복도가?

곽노현 　네. 전체적으로 10퍼센트포인트 정도 증가했어요. 그래서 이 부분은 틀림없이 진보 교육감님들께 상을 줘야 한다고 생각하고요. 그런데도 저는 아쉬움이 없지 않습니다. 경기도교육청은 이미 2년 전에 4·16교육체제라는 새로운 교육체제 구상을 내놨는데, 새 정부는 교육체제 구상이 분명하지 않습니다. 저는 하위 30%한테도 차별이 없는 교육 시스템을 만들고 그 아이들이 앞으로 100년을 살아가는 데 필요한 강력한 민주시민의식을 길러 줘야 한다고 생각합니다.

　우리 교육에 메리토크라시 문제, 능력주의 문제가 아직도 강고하다고 말씀하셨는데, 전적으로 동의하고요. 이 부분에 대해선 사회적 대토론을 통해서 사회적 합의를 만들어 내야 한다고 생각합니다. 지금도 늦지 않았죠. 새 정부 출범 때 이런 일을 시작했으면 얼마나 좋았겠습니까? 그러나 저는 지금도 늦지 않았다고 생각하고요. 이런 과정을 통해 매년 측정 가능한 교육의 진보가 일어나면 좋겠습니다. 이런 측정치를 제시했을 때 새로운 희망이 확장될 수 있다고 생각하고, 그렇게 돼야 우리 사회가 조금이나마 세월호 아이들한테 빚을 갚는 게 아닌가 하는 생각이 들었습니다.

김현정 　알겠습니다. 좋은 말씀이시네요. 행복도 조사를 했더니 얼마가 나왔다고요?

곽노현 행복도가 생각보다 무지 높습
니다. 보통이다, 불행하다가 각
1~2% 수준밖에 안 됩니다. 실제
로 학력이 가장 처지는 아이들,
이른바 기초학력 미달 학생들도
학교생활이 불행하다는 비율은
5% 정도밖에 안 됩니다. 아이들
이 더 놀라운 거는요. 기초학력
미달 학생들도 공부하고 싶은
의욕, 공부 잘할 수 있다는 자신감, 공부하는 게 필요하다
는 가치 인식 등이 굉장히 높게 나온다는 점입니다.

김현정 알겠습니다.

곽노현 이 부분은 우리한테 굉장히 큰 숙제를 주는 거예요. 한편으
로는 학교생활이 불행한 아이들이 적어서 큰 안도를 주지
만, 다른 한편으로는 기초미달 학생들도 절대로 포기하면
안 된다는 큰 숙제를 주고 있는 거지요.

김현정 그러니까 그 수치상으로는 분명히 나아진 것 같다는 말씀
이신데, 하진아? 네 생각은 어떠니? 넌 행복하니?

임하진 대한민국 고등학교 3학년이 행복을 말하기는 참 어려운 것
같아요. 우리나라에서 고3이면 다 입시를 목표로 두고, 대
입만 바라보아야 한다, 이렇게 얘기를 하잖아요. '각자의 개
성을 존중하지 않는 입시 교육을 견디면 과연 행복해질 수
있을까?'라는 생각이 들어요.

김현정 하진이가 팔짱을 끼려고 그럽니다. 지금. (웃음) 할 말이 많
아요.

임하진 그래서 얼마 전에 저희 학교 동아리 시간에 친구들하고 같
이 학교를 행복하게 다닐 수 있는 방법. 이런 거에 대해서
이야기를 해 봤어요.

김현정 학교를 행복하게 다닐 수 있는 방법을, 친구들끼리?

임하진 네. 솔직히 지금 학교 다니면서 행복하니? 물어보면 "어. 나
행복해." 이렇게 말하는 친구들은 없거든요. (웃음) 그래서
이야기를 나눠 봤는데, 친구들의 공감을 많이 샀던 게 '아

이들을 무한 경쟁으로 몰아넣는 상대평가가 없어져야 한다'였어요. 상대평가가 물론 대학에서 학생들을 선발하기에는 좋겠지만 그 때문에 우리나라의 경쟁 교육이 심화된다고 생각해요. 성적을 신경 쓰면 제대로 된 배움이 쉽지 않아요. 활동형 수행평가를 하더라도 행동 하나하나  가 다 점수화되니까. 자기가 배우고 싶은 것을 배우는 것이 아니라 의무감 때문에 배우는 비중이 크다는 것이 안타깝다고 생각해요.

김현정 뭔지 알 것 같아요. 확실히 좋아지고 있어요. 제 아이가 이번에 중학교를 들어갔는데 가 보니까 자원봉사가 1년에 15시간 필수로 적혀 있더군요. 담임선생님께서 주지시켜 주시더라고요. 15시간은 1학년 때 채워 주어야 된다고요. 어쨌든 의무로라도 이런 경험을 해 본다는 건 좋다고 봐요. 또 동아리 활동을 보니까 우리 학창 시절엔 생각하기도 어려웠던 교내 댄스 동아리도 있더군요. 다양해요. 이렇게 환경이 조금씩은 나아지고 있는데 문제는 조금 전 하진이가 말한 것처럼, 아까 원장님이 말씀하신 것처럼, 결국 목표는 변하지 않았다는 거잖아요? 입시체제라는 틀에서는 좋은 대학에 가야 그다음 좋은 데에 취직이 되고 내가 하고 싶은 것도 할 수 있다는 거죠. 이 큰 틀이 변하지 않기 때문에 하진이처럼 조금은 행복해지지만 많이 행복해지지 않는 게 아닌가 싶어요. 아, 서로 하실 말씀이 많으셔서 손들고 계시네요. 어떤 분이 먼저 하시겠어요?

김현국　한국 교육의 핵심 문제를 해결할 방안을 그냥 말씀드릴게요. 초, 중, 고 교육이 파행되는 원인은 대입 압박 때문에 그렇지 않습니까? 대입 압박이 왜 있을까요? 대학서열은 왜 있을까요? 이걸 국공립 네트워크나 이런 걸로 바꾸면 해결이 될까요? 한국에는 선진국 평균 1인당 교육비를 사용하는 대학교가 딱 7개 있습니다. 한국은 선진국 중에서도 이미 스페인보다 소득이 많은 나라예요. 그런데 선진국 평균 수준 교육을 하는 대학은 7개뿐입니다. 더 심각한 게 국공립대 40개 중에 단 한 곳만 학생 1인당 4,300만 원 정도 교육비를 써요. 교수도 있고, 강의도 있고, 책도 있고, 연구 프로젝트도 있어요. 다른 모든 국공립대학은 학생 1인당 1,700만 원 미만을 씁니다. 이걸 네트워크에 합친다고 대학 입시 압박이 사라질까요? 만약 추첨으로 하면 학생들이 이를 공정하다고 느낄까요?

김현정 추첨으로 만약에 대학을 간다면? 그 말씀이세요?

김현국 간단히 말씀드리면, 작년에 중앙정부가 세금으로 걷힌 돈 중에 25조 원을 사용하지 않았습니다. 긴축재정을 한 탓인데, 25조 원 중에 일부라도 국공립대든 공영형 사립대든 투자를 해서 선진국 수준으로 대학을 육성하고, 최고의 고등학교 졸업생들한테 자기 수준에 맞는 대학 진학 기회를 늘려 주면 수능 상대평가를 지금보다 더 심하게 해도 입시 압박 그렇게 심하지 않습니다. 그런데 지금처럼 투자도 없이 형편없는 대학의 질을 방치하고 대학입시 방법을 아무리 개선한다고 해 봐야 문제는 해결되지 않을 겁니다. 그리고 또 한 가지 말씀을 드리면.

김현정 (웃음) 짧게.

김현국 잠재적 교육과정을 생각했으면 좋겠어요.

김현정 잠재적 교육과정?

김현국 네. 잠재적 교육과정이요. 좁은 교육과정은 교과교육과정이 어떻게 되느냐, 성취 목표가 뭐냐, 교과서가 뭐냐, 이런 것을 중요하게 생각하는데, 잠재적 교육과정이 중요한 게 청소년들은 이미 일상생활을 진보시켰습니다. 3년 전 국회의원 총선에서 20대 초반이, 2년 전 대선 때는 20대 전체의 투표율이 30대, 40대보다 높아졌어요. 그러니까 한 명, 한 명은 다양하게 느낄 수 있지만 우리 혁신교육 1세대라고 할 수 있는 친구들 또는 세월호를 경험했던 친구들은 사회에 대한 신뢰가 선배 세대보다 높아진 첫 번째 세대라는 뜻입니다. 그런데 50대, 60대, 70대가 자기들이 살아왔던 인생의 패러다임으로 20대, 10대를 자꾸 해석하려니까 보이지 않는 거예요. 그런데 20대가 처음으로 40대보다 17개 시·도 모두에서, 또한 여러 시·군·구에서 50대보다 투표율이 높아요. 그만큼 사회에 대해 신뢰하는 것이겠죠. 예를 들면 이 친구들은 중고등학교 때 가치관이 형성될 때 선생님한테 두발 자유화할 수 있다고 들었어요. 자기는 해당 사항이 없다고 하더라도 어느 학교, 어느 지역에서인가 그렇게 하고 있다. 또는 무상급식하고 복지국가로 가는 게 국가다. 이런 거를 책임 있는 공직자와 선생님한테 들어 본 첫 번째 세대입니다. 이런 잠재적 교육과정까지 바꾸는 게 공교육의 혁신이 아닌가 싶어요.

딱 한 문장만 더 하면, 40만 명 학생 중에 서울대 입학생 3,000명을 어떻게 추려 내느냐는 공교육 결과에 아무 영향이 없습니다. 당사자에게만 중요할 뿐이죠. 그런데 40만 명 중에 남성 혐오, 여성 혐오, 인종 혐오 이런 거에 빠지지 않고, 동료들과 함께 투표장에 갈 수 있는 친구를 졸업시키는 게 공교육의 책임 아닐까요?

김현정 좋은 말씀이시네요. 아 네, 이수광 원장님.

이수광 김현국 선생님 말씀을 들으면서, 제가 한 가지 말씀드리고 싶은 것이 있는데요.

김현정 그러시죠.

이수광 우리의 일상은 체제에 구속되는 특성이 있죠. 체제를 벗어나서 자유로운 사람은 없습니다. 그런데 절대적으로 개인의 자유가 배제된 공간. 예를 들면 군대나 교도소 같은 공간에서도 자유를 누린다고 말하는 사람이 있을 수는 있어요. 그런 공간에서 자유롭다고 할 때 이를 진정한 자유로 볼 수 있는가의 문제가 있다고 봐요. 그리고 또 한 가지 제가 말씀드리고 싶은 것은, 몇 년 전 공익광고 중에 '당신은 부모입니까? 학부모입니까?'를 묻는 공익광고가 있었죠. 이 광고를 가만히 보면, 좀 메시지가 과하다는 생각이 들더라고요. 저는 부모이면서 학부모입니다. 그런데 내가 학부모 역할을 하는 이유는 현재의 교육체제 속에서 그렇게 하지 않으면 안 되기 때문이에요. 부모의 정체성을 가지려고 해도 그렇게 하기 어려운 체제적 압력이 있는 거예요. 이런 체제 구속성의 문제를 깊이 볼 필요가 있다고 봅니다. 특히 학생들의 경우도 마찬가지예요. 고등학교 2학년, 3학년 학생들이 느끼는 불안감이나 학습 스트레스는, 아까 하진 학생이 이야기한 것처럼 학생들 스스로의 문제로 인한 것이 아니라 입시경쟁 구조의 압력으로 인한 것이지요. 이런 점에서 저는 체제적 변화를 어떻게 이끌어 낼 것인가에 대한 고민이 중요하다고 봅니다.

김현정 네. 다양한 이야기들이 가능할 것 같습니다. 일단 청중석에서 들어온 질문들이 있어서, 우리 발제자님들 오래 쉬셨죠. 두 분께 질문을 좀 드리려고 합니다. 먼저 박구용 교수님께 들어온 질문. 세월호 참사 장면을 보면서 무수히 많이 떠올랐던 생각들이다. '국가가 무엇을 하고 있었느냐?', '그곳에 국가가 있었는가?' 이런 생각을 하셨답니다. 그런데 오늘 박구용 교수님 강의를 들으면서 '나는 시민인가?' 하는 질문에 스스로 답을 하기 위해서 성찰해 보는 계기가 되었다고 합니다. 자 그럼 교수님이 말씀하신, 이미지와 사유를 연계하기 위해서는 상상력이 필요하다고 아까 말씀을 하셨는데, 여기서 말하는 상상력이 구체적으로 무엇을 의미하는지. 시민으로서 내가 깨어나기 위해서 무얼 해야 하는지. 조금 구체적인 방법을 알려 주십사, 질문을 주셨네요.

박구용 제일 어려운 질문을 하신 것 같아요. 철학에서 상상력이라는 말이 가장 어렵습니다. 그래서 우선 교육에 대한 작은 이야기부터 시작해 볼게요. 제가 보기에는 교육은 기본적으로 폭력적입니다. 교육 자체는 특히 한국 교육은 그 자체가 폭력입니다.

간단한 두 가지 이유를 들 수가 있는데 첫 번째는 그렇습니다. 교실에 가 보면 일단 진도라는 게 있어요. 잘 생각해 보세요. 진도를 나가면 그 진도를 따라갈 수 없는 학생이 왜 거기에 앉아 있어야 합니까? 가장 근본적인 질문이거든요. 내가 지금 선생님이 하는 말을 이해할 수가 없는데 내가 왜 여기에 앉아 있어야 하죠? 누구를 위해서? 이 자체가 엄청난 폭력이라고 저는 생각합니다. 그리고 그 학생들한테 이런 폭력에 무감각해지도록 만드는 게 학교예요. 첫 번째는 그렇습니다. 이 문제는 교육학자라면 당연히 질문해야 하고 당연히 답변해야 하지만, 이 나라에서는 아직 진도 교육이 얼마나 폭력인지에 대해서 말하는 사람을 본 적이 없습니다.

두 번째 옛날처럼 주인과 노예가 있다고 가정해 보겠습니다. 이때 문제를 찾는 사람은 주인이고, 문제를 푸는 사람은 노예입니다. 그러면 우리 학교교육에서 문제를 누가 냅니까? 선생님만 문제를 냅니다. 학생들은 문제를 푸는 사람. 그러니까 문제를 잘 푸는 학생들은 어떤 존재죠? 노예로 전락하게 됩니다. 그러니 대한민국에서 중등교육 과정에서 성적이 매우 좋았다면, 이는 그가 훌륭한 노예로 성장했다는 말이 되는 것입니다. 아까 우리 전 교육부 장관님이 서울대학을 나오셨다고 했는데, 이런 말씀을 해도 되는지는 모르겠네요. (웃음)

김현정 하서도 됩니다.

박구용 서울대학을 나왔다는 얘기는 무슨 뜻인가요? 훌륭한 노예로 성장을 했다. 문제를 낼 줄 모른다. 풀 줄만 알지! 이것은 아주 심각한 문제입니다. 이렇다 보니 우리는 지금 교육에 관하여 토론을 하면서도 교육이 어떤 문제를 가지고 있는지 제시하지 못합니다. 문제도 모르면서 풀려고만 합니다. 사실은 문제가 뭔지를 찾으려고 하지도 않아요. 근본적인 문제입니다. 이 문제와 관련해서 조금은 쉬운 질문을 한번 해 보겠습니다. 우리는 학교를 사립, 국립, 공립으로 나눕니다. PD님께 여쭤 보겠습니다. 사립하고 국립을 구별하는 것은 쉽잖아요. 그러면 국립과 공립은 어떻게 구별할까요?

김현정　국립은 나라에서 (웃음) 지원해 주는 거고.

박구용　공립은?

김현정　공립은….

박구용　공립은 뭘까요?

김현정　어떻게 되는 거죠.

박구용　이 말의 차이를 교육감님들은 아실까, 궁금해요. 사실은.

김현정　(웃음) 교육감님.

박구용 중요한 문제인데요. 국립은 국가가 운영하는 겁니다. 공립은
지방정부, 또는 지방교육청이 운영하는 겁니다. 그러면 국가
가 더 공적인가요, 아니면 지역, 혹은 지방정부가 더 공적
인가요?

김현정 뭐 더 크게 그냥 생각했을 때에는 국가가 더 큰 거죠.

박구용 그런데 왜 지방정부가 운영하는 학
교에다가 공립이라는 말을 붙였을까요? 이
이유를 아는 사람이 없어요. 우선 공公 자
가 뭐죠? 이유는 간단합니다. 우선 개인은
왜 학교에 갑니까? 여러 가지 이유가 있겠
지만 사실은 한 가지로 모아집니다. 기본
적으로는 개인의 경쟁력을 높이기 위해서
학교를 가는 겁니다. 사적인 욕망을 실현
하기 위해서 학교에 갑니다. 이는 자연스러
운 것입니다. 그러니 이를 두고 나쁘다고 하면 안 됩니다.

그러면 여기서 우리는 국가는 왜 이 많은 비용을 들
여서 교육을 하는지 물어야 합니다. 나를 위한 것이니 교
육에서 국가의 역할이 공적이라고 단언할 수 있을까요? 저
는 아니라고 생각합니다. 교육의 지평에서 국가는 공적이

기보다 사적입니다. 왜? 개인이 각자의 경쟁력을 높이기 위해 교육하는 것처럼 국가도 교육을 국가 경쟁력을 높이기 위해서 합니다. 둘 다 의義보다 이利를 추구한다는 것, 즉 이익 창출을 높이기 위해서 교육을 하는 겁니다. 국가도 기본적으로 교육을 경쟁력 차원에서 바라봅니다. 그런데 그 경쟁력을 최고로 극대화시키기 위해서 국가는 선별체계와 상벌체계를 통해서 인력을 배치하는 시스템으로 교육을 만듭니다. 그러니까 국가에게 교육을 맡기면 그 나라 교육은 철저하게 사적일 수밖에 없습니다. 사적 이익에 따라 움직인다는 것이지요. 그래서 국가도 아니고, 개인도 아닌 지역사회가 교육의 주체가 되어야만 교육의 공공성, 곧 공교육이 바로 설 수 있다는 것이지요. 지역은 서양에서도 공교육이라는 말의 출발점입니다. (박수) 그래서 그 공公 자가 지금 남아서, 지방정부가 하고 있는 것을 공교육이라고 하는 겁니다.

그러면 왜 지역이 공적일까요? 사회 입장에서, 지역사회의 입장에서, 예를 들어 수원의 학교 모습은 내일 수원이라는 지역사회의 모습입니다. 그러니까 지역 주민 입장에서 보면 어떻게 하면 내일 수원이라는 지역이 잘난 놈, 못난 놈이 함께 어우러져서 살 수 있는가를 미리 연습하는 게 학교입니다. 그게 공교육입니다. 그런데 이 점에 대해서 국가는 고민을 안 합니다. 그래서 세계, 대부분의 나라에서 교육의 주체로 교육부를 두지 않습니다. 그래서 저는 우선적으로 교육부를 해체해야 한다고 봐요. (웃음)

김현정 굉장히 극단적이시네요. 교수님.

박구용 PD께서 제 말을 잘 이해하지 못하신 것 같아요. 해체란 파괴한다는 말이 아니에요. 파괴가 아니라 재구성한다는 말입니다. 다시 말하면 지금 OECD 국가 중에서 교육부가 교육 문제 전체를 주관하는 나라는 우리나라밖에 없습니다. 대부분의 나라들이 교육정책을 지방정부에서 결정합니다. 90% 이상의 예산이 지방정부에 있습니다. 그렇게 하자는 겁니다. 그런데 지금은 지방정부가, 교육청이 결정할 수 있는 것이 별로 없기 때문에 진보 교육감들이 선출되었지만 할 수 있는 일이 너무 제한되어 있어요. 기껏해야 한다는 게 혁신학교입니다. (웃음) 장관님, 얼굴색이 안 좋으신데요. (웃음) 저희들에게 혁신학교는 중요합니다. 하지만 가장 기본적인 수업에서 폭력적인 형태를 막으려면 그야말로 지방정부와 지역사회가 교육의 주체가 되어야 한다는 것이 저의 기본적인 생각입니다. 그럼 그 지역사회가 뭐냐? 지역에 기반을 둔 시민사회와 단체입니다. 이 맥락에서 저는 지역의 시민과 시민사회가 교육의 주체로 서야 교육이 세월호와 같은 참사가 반복되는 것을 차단하는 보호막이 될 수 있다고 생각합니다.

(청중 박수)

김현정 네. 고맙습니다.

박구용 한 가지만 더 참고로, 교육부를 해체한다는 말은 그런 말이고요. 추가적으로 말씀을 드리면 이런 겁니다. 입시와 관련된 모든 정책을 정치로부터 자율화해야 합니다. 그래서 입시 관련 정책 결정 기관을 한국은행에 준하는 수준으로 독립시켜서 정치하고 무관하게 해야만 우리가 꿈꾸는 교육체제 전환이 가능하다고 생각합니다.

김현정 아, 정치와 떼어 내야 한다. 알겠습니다. 저희 내일 〈김현정의 뉴스쇼〉에 유은혜 장관 나오시거든요. (웃음) 자, 이번에는 아마 이택광 교수님께 드리는 질문이 아닌가 싶은데요. 질문하신 분이 굉장히 길게 쓰셨는데, 그대로 그냥 읽어 보겠습니다. '우리는 세월호 참사에 가해자인 동시에 피해자가 아닌지. 신자유주의, 능력주의 등의 이데올로기를 형성한 당사자이기도 하지만 이데올로기로부터 자유롭지 않으면 억압받는다는 점에 대해서는 우리가 가해자면서 피해자 아니냐? 가해의식이 세월호 참사를 대상화하는 것으로 보이기도 하는데 그런 점에서 지금 우리에게 필요한 것은 각자가 갇힌 세월호로부터 탈출하기 위한 연대의식이 아닌가요?' 자, 이분의 질문 속에 이미 답이 있는 것 같은데 그렇죠? 이택광 교수님, 어떻습니까?

이택광 그렇죠. 좋은 질문이신데요. 사실 대한민국 자체가 세월호였던 거죠. 그리고 지금도 저는 우리 현실이 세월호가 아닌가 싶은데, 굉장히 많은 분들이 이런 사실을 느끼고 있다고 생각해요. 예를 들어서 수많은 분들이 지금도 삶의 현장에서 상처로 인해서 돌아가신 분도 있었고, 아까 박구용 교수님도 말씀하셨지만 많은 학생들이 학교에서 대입 경쟁력을 높이기 위한 노력을 하다가 이를 견디지 못하고 스스로 목숨을 끊는 경우들도 마찬가지라고 봅니다. 내가 더 좋은 삶, 더 나은 삶, 더 행복한 삶을 살기 위해서 일을 하는 건데, 결국 거기에서도 견디지 못하고 목숨을 끊는 그런 것이 결국 세월호가 아닌가 싶고요. 이렇게 된 현실에 대해 젊은 사람들은 헬조선이라고 부르기도 하지요. 그래서 저는 이런 생각이 들어요. 그러니까 이제 어떤 한계상황이 지금 다 왔다고 생각을 해요.

우리나라만 온 게 아니라 다른 나라도 다 한계상황에 온 것 같아요. 프랑스 보시면 지금 노란 조끼 시위 같은 경우도 그렇고, 영국도 제가 보기에 참 마음 아파요. 영국은 정말 우리가 멀리 있으니까 잘 실감을 못 해서 그렇지, 영국은 말 그대로 정치가 정지되어 있는 상태예요. 이도 저도 못 하는 정치인들이 아무것도 할 수 없는 그런 상황인데, 그 안에서 국회의사당 내에서 계속 경쟁이나 하고 있는 거죠. 지금 분위기가 사회 기능이 완전히 정지되어 있는 느낌을 받게 돼요. 제가 지난 연말에 가서 깜짝 놀란 게 경찰이 없어요. 예전에 제가 생각한 영국 경찰이라는 것은 기마경찰, 무시무시한 경찰들이에요. 투구를 쓰고 다니면서, 저 멀리에서 부르면 덩치 큰 영국 아저씨들도 몸을 움츠리고 그랬어요. 정말 경찰 한 명이 부르면 그 덩치 큰 깡패 같은 애들이 고개를 푹 숙이고 경찰 앞에 가는 그런 모습을 많이 봤는데, 지금은 그렇지가 않아요. 지금 영국 경찰이 다 비정규직도 아니고 알바죠, 알바! 잠깐 파견 나와서 경찰을 하게 그런 지경으로 만들어 놓은 거죠. 그래서 브렉시트가 터진 것이고. 그것을 정치인들이 수습하지 못하는 상황이 온 거예요.

프랑스도 마찬가지입니다. 노란 조끼. 마크롱이 그러잖

아요. 무엇을 원하는지 모르겠다고! 그리고 수많은 프랑스 지식인들도 '도대체 노란 조끼 시위는 무엇을 원하는지 모르겠다'고 해요. 이를 일반 사람들은 포퓰리즘이라고 부르는데, 포퓰리즘은 말로 설명이 안 되는 상황들이 있는 거죠. 그러니까 우리나라도 지금 우리는 굉장히 열심히 살아왔는데, 그리고 그러한 나라를 선진국이라고 생각하고 열심히 좋아왔는데, 우리가 선진국이라고 믿었던 나라가 그 꼴이 다 된 거예요. 지금 갑자기 앞에 누가 있어서 열심히 좋아왔는데, 보니까 갑자기 우리가 정상에 서 있는 거죠. 우리 주변에 지금 아무것도 없는 거예요. 일본도 지금 뭐 걱정스럽고, 중국은 말할 것도 없고, 미국도 마찬가지고. 우리는 트럼프가 참 고마운 분이지만 미국에서 트럼프는 정말 미국 민주주의의 끝이잖아요. 민주주의의 어떤 종말. 이렇게까지 이야기를 할 정도로 트럼프의 당선으로 미국인들이 가지고 있던 자기들의 프라이드가 완전히 무너진 거죠.

정말 전 세계가 지금 더 혼란해진 와중에 있다고 봅니다. 이것은 더 좋은 것을 만들기 위한 버팀목일 수도 있고, 아니면 이제 더 나쁜 길로 가기 위한 고통일 수도 있어요. 하지만 제가 볼 때는 더 좋은 것을 낳기 위한 고통을 만들어야 된다는 거죠. 여기에 우리 한국의 몫도 있다고 봅니다. 아까 김현국 선생님이 선진국 말씀하셨는데, 저는 그게 되게 중요한 생각이라고 봐요. 우리가 따라 배울 선진국이 없어요. 예전에는 우리나라가 따라 배울 수 있는 선진국이 있는 것처럼, 항상 무슨 문제가 발생하면 논평가들이 미국의 사례를 이야기했어요. 미국의 사례를 보니까 어떻습니까? 영국 사례, 영국은 지금 어때요? 앞에서 했잖아요. 그런데 지금 논평가들이 이제 사례를 들 게 없어요. 이제 우리가 갈 길은 우리가 만들 수밖에 없는 상황이 되어 버린 거죠. 그래서 아까 박구용 교수님은 교육부를 해체해야 한다고 얘기를 하셨지만, 저는 사실 대학교를 해체해야 한다고 생각을 합니다.

김현정 (웃음) 오늘 해체해야 될 게 많이 나옵니다.

이택광 저는 진짜 대학을 없애 버려야 한다고 생각하는 사람이에요. 대학이 왜 있는지를 제가 대학에서 수업을 하고 있지만, 여기에서 배운 내용을 제가 학생들한테 수업을 할 때마다, 학기마다 사과를 합니다. 미안하다. 내가 여기서 이것을 가르치는데 이걸 배워서 너희들이 수면 위에 나가서 계속 써먹을 수 있다고 내가 장담을 못 한다는 거예요. 왜냐하면 저도 모르겠으니까! 저도 이제 뭐 교수가 되었고, 십몇 년 되면 저도 나가야 되는데, 현재는 학교가 직장이니까 여기

붙어 있는 거죠. 학생들은 그런 게 아니잖아요. 여기 왔는데 사실 제가 가르치고 있지만 지금 배우고 있는 것들이 10년 뒤에도 과연 유효성이 있을지는 저도 잘 모르겠어요. 그래서 제가 가르치고 싶은 것이 바로 '생각하기'입니다.

김현정 생각하기를?

이택광 이런 이야기들에 익숙하실 거예요. 많이 나온 이야기들이고, 저는 여기에 계시는 분들이나 또 교육부에 계시는 분들이나 현장에 계시는 이런 분들이 이것을 위해 열심히 노력을 하고 있다고 봅니다. 그런데 왠지 우리는 호랑이를 그리면 자꾸 이게 현장에 들어가면 고양이가 되어 버리거든요. 굉장히 많은 정책들이 결정되어서 대학에 오기는 와요. 생각하기를 교육시키기 위해서 노력을 하는데, 막상 현장에서 실행하면 다 고양이가 되어 버리는 거예요. 정말 저도 일선에서 가르치는 사람으로 이런 부분들이 고민인데, 교육의 패러다임을 바꾸지 않으면 저는 안 된다고 봐요. 좋은 직장을 얻기 위한 교육이라는 것은 이제 끝났다고 봅니다. 왜냐하면 좋은 직업이 없어요, 지금.

김현정 맞아요.

이택광 좋은 직장이 사라졌잖아요.

김현정 맞아요.

이택광 그렇지 않습니까? 그런데 무슨
대학에 와서 좋은 직장을 갖는
다는 건지. 좋은 직장 자체가 없
는데. 지금 아무리 서울대를 나
오면 뭐해요. 좋은 직장이 없어
요. 지금 다 서울대 나와서 공
무원 되겠다는 거 아닙니까? 예
전에 제가 학교 다닐 때 공무원
은 좋은 직장이 아니었어요. 그
런데 다른 좋은 직장이 사라져 버리니까 공무원이 좋은 직
장이 되어 버리는 거죠. 그렇다고 공무원의 급여 수준이나
복지 수준이 굉장히 높아져서 그렇다고 보지는 않습니다.
예전과 공무원이 별로 달라진 게 없어요. 그런데도 공무원
이라는 직업이 가장 좋은 직업이 되었다는 건 무얼 말하겠
습니까? 직업이 그만큼 안 좋아졌다는 얘기죠.

그래서 교육의 패러다임을 바꾸는 것은 사회 패러다임
을 바꾸는 겁니다. 현재 대한민국 인구의 80%가 대학을 가

고 있습니다. 대학을 가기 위해서 살고 있어요. 뭐 요즘은 조금 떨어졌더라고요. 60%대로 떨어졌는데, 어머어마한 거죠. 왜냐하면 영국 같은 경우는 대학 진학률이 십몇 퍼센트입니다. 독일 같은 경우는 20%밖에 안 돼요. 즉, 대학을 안 가도 살 수 있다는 이야기이죠. 대학을 안 가도 행복하게 되는 세상을 만들어야 되는 것이고, 그러기 위해서 교육의 패러다임을 바꿔야 된다고 저는 생각이 듭니다.

김현정 알겠습니다. 아, 오늘 정말 큰 이야기들, 교육부도 없애야 되고, 대학도 없애야 되고, 호랑이를 그렸는데 고양이가 되지 않아야 되고… 여러 가지 이야기들을 논하네요. 저는 이 자유로운 토론의 자리가 정말 좋습니다. 그런데 오 선생님, 잠깐 여쭙고 싶은 게, 왜 호랑이를 던져도 학교에 가면 고양이가 되는 거예요?

오윤주 그 말씀 제가 꼭 드리고 싶었는데, 호랑이를 던지니까 그렇습니다.

김현정 그게 무슨 얘기죠?

오윤주 교실에서 호랑이를 만들어 내라고 하면 정말 만들 수 있는 의지와 역량이 있는데, 호랑이를 만들어서 던지거든요. 그러면 그게 전달되어 오면서, 그러니까 교사들은 교실에서 말하자면 주어진 것을 그대로 수행하는, 어찌 보면 하급 인력이 되는 거죠. 그러다 보면 그 정책에 담긴 의미나 뜻이 굉장히 퇴색되고, 교사가 마음을 담아 할 수 있는 교육적 재량권도 없어집니다. 가령 학교에서 교사들이 얼마나 열심히 모여서 공부하는지 보고하라고 합니다. 몇 회 모이는지 보고하고, 또 교육과정을 얼마나 자율적으로 운영하는지 자율적으로 재구성한 시간 수를 보고하라고 하고요. 출제했던 시험지를 복사해서 보고하라고 하기도 했습니다. 어디까지 진도 나가는지 하는 것을 결재받지 않게 된 것도 얼마 안 됐고, 그러니까 하라는 대로만 해야 했던 그런 시절들이 사실은 여전히 이어지고 있는 겁니다.

김현정　그렇군요.

오윤주　교사에게 주어진 역할은 '노련한 교육자'가 아닌가 싶습니다.

김현정　노련한.

오윤주 학생들을 맡아 기르는 일을 문제없이 잘 수행하는 사람, 또는 능란한 입시 멘토인 거죠. 한번은 제가 야자를 하기 힘들어하는 학생을 집에 보냈으면 한다고 부모님한테 전화를 했더니, '그러면 나보고 아이를 초저녁부터 데리고 있으라는 말이에요?' 이렇게 말씀을 하시더라고요.

김현정 어머나.

오윤주 네. 그러니까 교사에게 주어진 역할이 그런 정도였다는 거죠. 교육이 바뀌고, 사회가 바뀌려면 교육에서부터 출발을 해야 하고, 그러려면 교사에 대한 신뢰가 중요해요. 물론 교사들도 내부적으로 신뢰를 스스로 만들어 낼 수 있어야 되겠지만, 교사에 대한 신뢰와 교사들이 호랑이를 만들 수 있는 자율과 그다음에 권한의 배분과, 나아가 학교에 공공의 장이 충분히 주어져야 한다고 생각을 합니다.

김현정 알겠습니다. 전 선생님이 손드셨거든요. 네, 마이크 받으시고.

전명선 웬만하면 말이 길어져서 안 하려고 하는데 듣다 보니까 조금 동떨어진 것 같아요. 교수님들이 발제하신 거 다 읽어 보고, 정리해 주신 질의 내용을 듣는데, 세월호와 그다음에 교육체제 전환을 얘기하시는데, 제가 오늘 이 자리에 계신 분들과는 별도의 부류라는 생각이 들어요. 이런 표현을 하면 조금 그렇지만, 제가 여기 들어오면서 '오늘 내가 무엇을 얘기하지?' 했을 때 첫 질문에 제가 뭐라고 그랬느냐면, "똑같이 얘기하겠습니다"라고 했거든요. "이게 완전히 변화가 되고, 개혁을 시키려면 결국 없애야 된다. 내가 오늘 저 자리에 가서 이렇게 얘기하면 진짜 실례겠지?" 물어보고 왔거든요.

김현정   (웃음) 확인하고 오셨어요?

전명선   네. 제 성격이 그렇거든요. 할 말은 꼭 해야 되겠어서. 그런데 제가 지금까지 질문하고 대답하는 것을 보면, 중요한 내용들이 안 나온 것 같아요. 지금 대학생들이나 또 우리 지역 주민들 또 시민사회단체 활동가들에게 주된 간담회 내용은 이런 내용들이 아니거든요. 가장 많이 물어보는 질문들은 세월호 참사 이전과 이후 교육체제의 변화와 사회의 변화에 대한 부분인데, 세 가지로 요약할 수 있어요. 하동초등학교를 예로 들겠습니다. 먼저 하동초등학교에서 배수구에 불이 났을 때 아이들이 진압을 했다는 것이 언론에 나왔거든요. 대답은 간단합니다. 학교 선생님한테 배웠다는 겁니다. 어떻게요? '한 명은 그 화재가 난 곳을 예의 주시하고 지키고 있고, 한 명은 가서 신고를 하고, 다른 한 명은 불을 끌 수 있는 소화기든 물이든 가져와야 된다.' 초등학교 6학년 아이들이었는데 선생님이 가르쳐 준 그대로 한 거예요. 그래서 소방관이 출동하기 이전에 다 진압을 한 거죠. 그런데 세월호 참사 때 또 그 이후에 정부는 그러면 무엇을 어떻게 하고 있습니까? 너무 어렵게 생각할 필요가 없는 겁니다. 아주 쉽게 할 수 있는 기본적인 시스템만 마련하면 되고, 그 시스템을 이해하면 되는 겁니다.

이 세월호 참사에 대해서 제가 먼저 짚고자 하는 것은, 사람의 목숨, 인간의 존엄성보다 돈과 권력을 중요시하는 부도덕한 사람들과 기업들로 인해서 벌어지는 이런 일들은 범죄라는 겁니다. 그 범죄 현장을 적어도 국민들이 지켜봤기 때문에 저는 이 사회의 변화에 대한 부분을 국민들이 염원을 하고 있다고 생각하고 있거든요. 그런데 그걸 못 따라가는 것이고, 그래서 이 교육 쪽에서 안전교육과 그다음에 민주시민교육, 그리고 입시 위주의 교육보다도 진짜 통일교육을 해야 합니다. 민주국가에서 국가가 해야 할 가장 첫 번째 의무가 국민의 생명 보호 아닙니까? 그것을 위배한 거예요. 이것조차도 아직 체계화시키지 못한 상태잖아요?

세 번째 얘기하고 싶은 것은, 4월은 추모의 달이라고 합니다. 한 달간은 추모 기간이죠. "왜요?" 이렇게 물어봤어요. 초등학생한테. 중고등학생한테 물으면 "쟤 뭐야?" 이럽니다. 요즘 애들 워낙에 좀 탁월해서 그런데 초등학생들에게 물으면 자연스럽게 "왜?" 이렇게 물어봅니다. 그러면 간단합니다. "세월호 참사가 발생한 달이니까요." 국민 안전의 날 얘기는 안 합니다. 세월호 참사 이후에 국민 안전의 날이 선포되었고, 그다음에 해경이 해체되었습니다. 해상 내에서 국민의 안전을 책임져야 될 해경을 해체시켜 버렸거든요. 그러면 해상에 있는 국민들의 보호는 누가 합니까? 그러고 나서 촛불혁명으로 정권 교체 이후에 다시 해경이 부활하죠. 그런데 그런 얘기를 안 합니다. 간단합니다. 그리고 단원고등학교 추모 조형물과 4·16민주시민교육원 건립이 부진해요. 본청에 기억교실이 있거든요. 그래서 안산으로 오면 4·16 기억교실과 단원고 내 추모 조형물을 보려고 하는데, 일과 시간 내에는 학교에 들어오는 것을 막는 거죠. 왜일까요? 학생들, 그렇게 생각 안 하거든요. 추모의 날도 국민 안전이라고 생각을 하는데, 결론은 선생님들과 그다음에 그 학교의 지침도 그렇지가 않은 것 같아요. 추모 기간을 맞아서 국민 안전의 날 행사도 해야 하고, 다양한 행사들이 진행되지만 실제 내부에서 아이들의 의견은 받아들이지 않습니다. 실제 그렇게 되고 있고요. 그래서 너무 큰 이야기보다는 아주 간단한 교육부터 이루어져야 된다고 봅니다.

그런데 제가 감히 여기서 통일교육 얘기를 하는 것에 대해서 한번 설명을 드려야 될 것 같습니다. 가장 많은 질문 중 하나가 뭐냐면 세월호 참사가 지금 5년이 지났는데 어떻게 진행되고 있느냐는 겁니다. 사람들이 진짜 잘 모르거든요. 아주 관심이 있는 사람도 모르고 있습니다. 지금 「사회적참사특별법」에 의한 특별조사위원회가 활동을 하고 있고, 그다음에 기무사 피해자 가족 사찰 문건, 청와대 캐비닛 문건, 그리고 선체조사위원회 활동 보고서 내용들에 대해 질문을 합니다. 그런데 제가 왜 통일교육을 얘기하는가를 짧게 줄여서 얘기를 하면 이겁니다. 4월 16일 세월호 참사 당시가 선거 때였잖아요. 4월 17, 18일에 만들어진 TF 문건에 어떻게 나오느냐면 세월호 참사로 희생된 유가족들을 대한민국 국민으로 보지 않았다는 거죠. 이 한반도가 분단되고 분열되었기 때문에 아직까지 실제 이런 표현들이 나오지 않는가. 기무사 문건에서는 세월호 참사로 희생된 유가족들은 불순세력, 종북세력으로 표현하고 있거든요. 그래서 종북세력, 불순세력의 폭동을 막기 위해서는 철저하게 국민들로부터 고립시키고, 그러기 위해서 필요하면 단체나 종교계까지 동원하고, 가족들을 철저하게 사찰한 거죠. 개인 신상은 물론 아이가 뭐를 좋아하는지, 학교 다니면서 아이가 무슨 약속을 했었는지까지 나와요. 이것을 대한민국 국민을 보호해야 될 기무사령부 소속 군인의 신분으로 그렇게 하고 있다는 겁니다.

이렇게 얘기를 하면 아무도 안 믿죠. 여러분은 다 믿으세요? 실제 지금 대학생들도 안 믿어요. "설마 그 정도까지였을까요?"이럽니다. 그런데 지금 그 문건들 다 공개 열람 가능합니다. 보시면 되겠지만, 그래서 그런 교육까지도 필요합니다.

그다음에 하나만 빨리 얘기를 드리면, 저는 다른 교육을 바꿀 이유는 없다고 봅니다. 부모들이 고마워하는 게 있고, 학생들이 고마워하는 게 있습니다. 부모님들이 고마워하시는 거는 뭐냐면 명예졸업 학적부가 신설되었다는 겁니다. 그래서 더 이상 학사 일정 중에 희생된 아이들이 희생 후에 제적 처리당해서 명예가 실추되는 일이 대한민국 내에서 없게 된 거예요. 이것은 이재정 교육감님과 진보 교육감들께서 국회 입법을 통해서 만든 것이 아닙니다. 교육 철학과 신념으로 만들어 내신 거예요. 국회를 통하지 않고요. 그런데 이걸 학생들은 몰라요. 명예졸업 학적부가 신설된 걸 말입니다. 다만 세월호에 관심이 있었던 부모님들은 고맙다고 얘기를 합니다. 왜? 그러면 내 자식의 명예도 회복될 수 있는 거냐. 기존에 어디를 갔다가 희생이 되었는데 다 제적 처리가 되었으니. 그러니까 부모님들이 생각하는 거와 학생들이 생각하는 게 조금 다르기 때문에 그런 지점을 교수님들과 교육연구원에서 좀 감안을 해 주셨으면 합니다.

김현정 아, 좋은 말씀이세요. 박수 좀 주세요.

(청중 박수)

김현정 이런 말씀이 다 통하는 이야기라고 봐요. 말씀의 맥락을 보자면 국가의 발전 앞에 개인은 희생당해도 좋다는 그런 패러다임에서 5년이 진행되었고, 아버님은 그 과정에서 느꼈던 울분과 분노를 쏟아 내셨어요. 왜 그렇게 되었는가? 이러한 가치관을 깨어야 한다. 이런 가치관을 깨기 위해서 학교가 잘해야 한다. 학교가 교육을 바꿔야 한다. 새로운 패러다임으로 교육을 해야 한다. 그런데 바뀌었습니까? 선생님들은 아직 안 바뀌었다고 합니다. 바뀌기 쉽지 않대요. 왜 쉽지 않습니까? 이러다 보면 다시 큰 담론. 우리 교육의 커다란 이야기로 갈 수밖에 없고, 결국은 커다란 게 바뀌어야 우리 아버님 말씀하신 이 부분까지 다 해결되는 거고, 이게 다 물고 물리는 거라고 생각을 하고요. 여기 앉아 계시는 분들은 대부분 교육계 종사자분들이신 걸로 압니다. 그래서 우리 교육체제를 어떻게 바꾸어야 하는가에 대해 누구보다 관심이 많으신 분들이고, 어떻게 호랑이를 제대로 만들어 낼까에 대해서 진지하게 고민하고 계시는 분들이기 때문에 오늘 세월호로 시작했지만 교육에 대한 큰 담론들도 나눴던 것이고요.

자, 이제 마칠 시간이 거의 다가오는데, 오늘 라운드 테이블에 많이 앉아 계시다 보니까 말씀들 충분히 못 하셨죠? 그래서 아버님처럼 하시고 싶은 말씀들이, 각기 보는 시각에 따라서 조금씩 다른 이야기들이 있으실 것 같아요. 우리 양 대표님부터 시작해서 한마디씩 이 말씀은 꼭 좀 드리고 싶다는 이야기로 마지막 발언들을 이어 가 보죠.

양지혜 아, 다들 너무 고생하셨습니다. 제가 얘기하고 싶었던 맥락들만 말씀드린다면, 사실 세월호 이후에 우리가 평가해야 할 부분은 가만히 있으라는 이 명령 자체가 바뀌었나 하는 것입니다. 학생이나 학내 소수자들이 말할 수 있는 분위기가 되었나 해서 드리는 질문인데요. 사실 최근에 학교 미투 고발이든, 아니면 그 이전에 모두가 광화문에 나왔지만 청소년은 광화문에 나갔다는 이유만으로 징계를 받았던 정치적 탄압이든, 아니면 아주아주 돌아가서 본다면 이 세월호 참사 이후 교육부가 한 일이 무엇이었느냐면 노란 리본을 학교에 달고 오지 말라고 한 일이었죠. 이러한 것들을 봤을 때 사실은 학생들이 말할 수 있는 학교가 되었느냐고 했을 때, 그렇지 않다고 생각을 합니다. 미미한 변화는 있었지만 결과적으로 학생들을 압제하고, 통제하고 그들의 생활방식을 통제하는 방식의 교육이라는 것은 변화하지 않았어요. 사실은 체벌이 사라졌다고 생각하지만 여전히 머리를 때리는 수준의 체벌은 장난처럼 여겨지고 있거든요. 체벌이 아니더라도 상벌점제 등 (뭐 경기도는 없어졌지만) 성차별 의식과 같은 학생들을 벌주는 문제로 여기는 문화는 사라지지 않았다는 것. 이것이 반성해야 할 부분이고, 우리가 학생들을 일방적으로 옳은 것을 주입하거나 가르쳐야 하는 존재로만 여기고 있는데, 사실은 학생들의 목소리 듣는 연습들을 더 많이 해야 합니다.

김현정 목소리 듣는 연습.

양지혜 네. 학생들을 동등한 위치에서 여겨야 하고, 학생들에게 존댓말을 해야 하고, 학생들을 예우해야 한다고 저는 생각해요. 그런 것이 없고, 맨날 '뭐가 옳다 뭐가 옳다'라는 식의 큰 담론으로 접근하다 보니 현장에서는 오히려 학생들의 삶이 나아지지 않은 부분이라고 생각하고, 그렇기 때문에 이런 토론회 역시도 매우 형식적인 환경일 수밖에 없다고 생각합니다. 한편으로는 발제부터 지금까지 나오는 가해의 식을 가지고, 가해자로서 내가 책임감을 가지고 이것을 함께한다는 얘기를 들을 때 제가 느꼈던 감정은요, 저는 세월호 참사 당시에 청소년으로서 교복을 입고, 광화문에 나갔을 때 한 시민으로부터 사과를 받았거든요.

김현정 사과를 받으셨어요?

양지혜 네. "지켜 주지 못해서 미안하다." 그리고 저는 그 말 자체가 너무… 어떤 마음이신지는 알겠는데, 너무 어렵고, 힘든 말이었어요. 왜냐하면 학생들이 지킴을 받는 존재로서만 남는다면 가만히 있으라는 명령 자체는 유효한 것이 아니냐. 사실은 세월호 참사 때 우리가 뭘 할 수

있었겠습니까? 저는 그 질문을 던지고 싶거든요. 세월호 참사 때 무력했던 것은 개인의 잘못이 아니고, 세월호 참사 이후에 우리 삶의 참사들을 각자 마주 보게 되었다. 그게 저한테는 입시 경쟁이었고, 또 누군가에게는 불안정 노동이었겠죠. 그러한 참사로서 우리는 연대의식을 가져야 하는 것이지, 이러한 가해의식은 오히려 세월호가 가지고 있는 의미를 피해로만 남게 만들고, 나와 격리된 문제의식으로만 남게 만든다고 생각합니다. 그리고 그것과 한편으로 세월호 참사의 많은 대상이 학생이었고, 이들이 주체이기보다는 교육받아야 하는 대상이었기 때문에 사람들이 너무 쉽게 미안하다고 말했던 거라고 생각해요.

그래서 저는 세월호 참사 5주기에 우리가 돌아봐야 하는 것은 여전히 학생권이 부재한 현실들, 학생이 말할 수 없는 현실들이라고 생각하고요. 이 답이 없는 입시경쟁체제를 바꿀 수 있는 유일한 답은 학생들한테 있다고 생각하고, 그들에게 조금 더 많은 발언권과 권력을 주어야 한다고 생각합니다. 감사합니다.

(청중 박수)

김현정 와, 고맙습니다. 정말 마음에 깊이 담아 두셨던 이야기들을 막 쏟아 내어 주셨어요. 그러면 순서대로 짧게 마무리 하시죠.

김현국 일단 국가랑 중앙정부를 구분했으면 좋겠어요. 중앙정부도 국가의 3대 핵심 요소가 아닙니다. 중앙정부가 아니라 주권을 가진 주권자가 국가를 구성합니다. 저는 이런 국가를 세우는 일이 시작되었다고 생각합니다. 촛불혁명 때 '이게 나라냐'라고 반문하면서 헌법 1조 1항과 2항을 같이 이야기했죠. 중앙정부와 국가는 완전히 다릅니다. 중앙정부가 6개월 동안 구성이 되지 않아도 국가는 아무 문제 없는 나라들도 흔합니다. 이렇게 중앙정부라고 하는 걸 정확하게 호칭할 때 전명선 위원장님이 말씀하신 것처럼, 또 제가 처음에 울컥한 이유도 이것이고, 이런 이야기들을 하기조차 조심스러운 이유도 이것인데, 수많은 공직자와 시민들이 이미 성찰하고 실천을 하고 있지만, 정작 진상규명이 본격화되지를 않았어요. 사회적 참사위원회는 아직도 위원 구성 절차조차도 발목이 잡혀 있습니다. 5년이라는 시간이 흘렀으면 진상규명을 명확히 하고, 법적 원인과 책임, 행정적 원인과 책임, 그리고 사회 공동체 구성원으로서의 원인과 책임을 올바르게 구분할 때 비로소 사람들은 구체적으로 실천할 수 있고, 우리 사회를 바꿀 수 있을 것 같습니다.

지금 세 분 말씀에서 공통되는 맥락인데, 교육에서 학습으로 바꿔야 합니다. 경기도가 혁신교육의 발상지이고, 그래서 오늘 토론회는 세월호 이전과 이후 이야기가 섞여 나오는 경향이 있는데, 세월호 이후에는 학생 중심이라는 말이 굉장히 자주 나옵니다. 학교와 교원이 존재하는 이유는 학생들의 학습을 위해서 존재하는 거죠. 우리가 교육을 어떻게 개선할까 하면서 접근할 때, 우리나라 표준이나 어떤 정답 하나가 있어서 서울부터 마라도 초등학교 학생들까지 모두 똑같이 하면 효과가 있을 거라고 생각하는 것 자체가 환상이죠. 700만 학생 한 명, 한 명이 고유하고, 다양합니다. 이들에게 최적의 학습과 학교생활을 보장하려면 다양한 교육활동을 인정하는 학교운영계획이 필요합니다.

실제로 캐나다 중앙정부에는 교육부가 없죠. 미국도 1980년까지는 없었어요. 아무 상관이 없습니다. 중요한 것은 중앙정부나 경기도 또는 서울교육청처럼 규모가 큰 정책 결정 기관이 모두 호랑이를 그리라고 하는 순간 일이 안 된다는 점입니다. 교사들도 마찬가지죠. 선생님들도 1반, 2반, 3반 모든 학생들한테 똑같은 방법, 똑같은 교육과정, 똑같은 진도로 수업을 한다면 바람직한 학습효과를 기대할 수 없죠. 그래서 학생 중심 학습으로 바꾸자. 이거는 이재정 교육감님 계실 때 말씀드려야 되는데, 임기 시작하자마

자 9시 등교, 중학교 3학년 학생들 제안을 받아들이셨더라고요. 이런 겁니다. 중학교 3학년 학생들도 논문을 다 확인하면서 중학생 최적의 등교 시간은 10시인데, 부모 입장 생각하고, 사회 입장 고려해서 9시로 양보하겠다. 이렇게 제안할 수 있는 거예요. 그래서 학생 중심 학습 이런 것에 역점을 두면 어떨까 생각합니다.

김현정　알겠습니다. 아, 좋은 말씀 감사합니다. 지금 아직도 말씀을 하셔야 될 분이 꽤 많이 남아 계신데, 시간이 이미 많이 지나서 제가 시간 제한을 부득이하게 좀 두고 있습니다. 한 90초 괜찮으세요? 교육감님? 네. 시작해 주시죠. 마지막 발언.

곽노현　경기도교육청의 어떤 문건이 화면에 잠깐 나왔는데요. 거기에 '세월호는 새로운 교육체제로 가는 경로다' 이런 표현이 있었어요. 도대체 어떤 내용일까 생각을 해 보면, 민주주의를 위한, 민주주의에 의한, 민주주의 공교육을 만들어서 거기서 길러지는 민주주의자들, 즉 민주시민들로 하여금 그 민주주의를 실천시켜라. 그렇게 해서 국가가 이런 조난 구조에서 실패하는 일이 없어야 되겠고, 만약 실패해도 그 사실을 인정해야 되겠다. 그리고 당시 조사를 방해했던 총책임자가 지금 굉장한 직위에 올라가 있는 것 같은데요. 이런 것이 불가능하게 하는 민주주의 시스템을 만들어라. 이런 명령을 하는 것으로 보고 싶고요. 이것을 이행하려면 학교의 환경이 바뀌어야 하는데요. 무엇보다도 교사들 스스로가 참된 민주시민이 되어야 한다고 생각합니다. 그런데 교사들은 정치기본권이 없어요. 정당과 선거, 정치의 세계에 얼씬거리지 말라는 거지요. 문제는 이런 반쪽 시민 교사들로 과연 온전한 민주시민을 길러 낼 수 있느냐는 거지요. 이건 마치 수영할 줄 모르는 사람더러 수영선수를 길러 내라고 하는 것과 다를 바 없는 미션 임파서블인 셈이지요. 교사가 정치기본권을 획득해서 지금의 '정치 천민' 신세에서 벗어나야 합니다. 그때 비로소 학교민주시민교육이 활성화될 것으로 생각합니다.

(청중 박수)

김현정 고맙습니다. 이어서, 오 선생님.

오윤주 네. '정치 천민'을 벗어나서 교사로서 학생들과 함께 학교에서 먼저 민주적인 사회를, 시민사회를 만들고 싶다는 소망이 있습니다. 학교는 학생들을 위한 공간이지만 거기서 교사들이 학생들에게 의미 있는 타인이 되어서, 그리고 싶은 사회를 만들어 내는 공작소 역할을 학교에서 하고 싶습니다. 이상입니다.

(청중 박수)

김현정　아, 고맙습니다. 아휴, 힘들죠? 앉아 있기.

임하진　아니에요.

김현정　괜찮으세요? 네. 임하진 학생.

임하진　제가 여러분의 말씀을 들으면서 우리 교육이 나아가야 할 방향에 대해서 생각을 해 봤는데, 먼저 학생들에게 자율과 자치를 부여해야 한다고 생각합니다. 학교생활을 하며 자율과 자치를 느낄 기회가 많이 없으니까, 그 기회의 장을 만들어 주는 것이 중요합니다. 예를 들어 저희 학교 같은 경우는 교칙에 대해서 이야기할 것이 있으면 교사하고 학생이 강당에 모여서 오늘 이 자리처럼 토론회를 합니다.

김현정　어느 고등학교 다니세요?

임하진　광휘고등학교 다닙니다.

김현정　아, 좋은 학교네요.

임하진　얼마 전에, 지난주 금요일에 참석을 했는데, 아이들이 손들고, 바쁘게 움직이는 마이크를 보면서 우리에게도 권리가 있다는 생각이 많이 들었거든요. 또한 학생 중심과 학교 중심 교육을 위해서는 사회구조의 변화도 빼놓을 수 없다고 생각합니다. 교육은 사람과 사람이 만나고, 마음과 마음이 만나고, 교사와 학생이 서로 배우는 일이잖아요. 이를 실현하기 위해서는 학벌 때문에 자아실현이 구애받지 않는 사회가 만들어져야 한다고 생각합니다. 오늘의 심포지엄을 계기로 교육과 사회가 동반 성장하기를 기대합니다.

(청중 박수)

김현정　말 잘했어요. 교육과 사회의 동반 성장. 어려운 말입니다. 고맙습니다. 아버님 아까 말씀드린 마무리 조금 하시겠어요?

전명선　짧게?

김현정   네.

전명선   이런 자리를 마련해 주셔서 너무 감사하고요. 세월호는 아
        직까지 진행형입니다. 지금 진행하는 일이기 때문에 어느
        것 하나 바뀌지 않고 진행형입니다. 1953년 창경호 다 아시
        죠? 1970년 남영호 다 아시죠? 1993년 서해훼리호 그다음
        에 2014년 세월호! 제가 언급한 게 다 대형 여객선 사고였
        죠. 그 사고가 참사로 바뀐 거죠. 두 번의 정권교체가 이루
        어지고 나면 주기가 딱 20년 주기입니다. 그래서 세월호를
        잊지 말아야 한다고 저는 얘기하고 싶고요. 잊지 말아 주기
        를 부탁드립니다. 감사합니다.

        (청중 박수)

김현정   고맙습니다. 잊지 말라. 잊지 말라. 이 말씀 기억하겠습니다.
        자, 박구용 교수님.

박구용   세월호 원인을 비롯해서 여러 가지 규명해야 할 중요한 문
        제가 있습니다. 그런데 그 원인들 중에 가장 끔찍한 것은
        지금은 감옥에 계시지만 한 나라의 최고 책임자인 대통령
        께서 공감할 능력이 없었다는 것입니다. 세월호 선장님도

마찬가지고요. 공감능력이 없는 그런 분들이 한두 명 있는 것도 끔찍합니다. 그런데 어쩌면 지금 우리들 중 반 정도 고통받는 타인에 공감할 능력이 없는 상태로 살아가는 것이 아닐까요? 그런 사회로 가고 있는 거 아닌가요? 너무 끔찍한 얘기 아닙니까? 그러니까 대통령과 선장 개인만을 비난할 문제가 아니고, 우리가 그들처럼 고통받는 타인에 대해서 공감할 수 있는 능력이 없다는 것, 그런 사람들이 많아지고 있다는 것이 참으로 끔찍한 일이라는 것을 자각해야 합니다. 일상적으로 매일 그런 사람들을 만나게 되는 상황으로 가고 있다는 게 안타깝지요.

그럼 어떻게 공감능력을 키울 수 있을까요? 어쩌면 교육개혁의 한 가지 핵심적인 문제라고 보는데요. 산에 나는 산 도라지가 있어요. 더덕도 산에서 나는 산 더덕이 있지요. 둘 다 향기가 엄청 좋은데, 밭에서 자란 도라지와 더덕은 향기가 없어요. 지금은 돌아가시고 안 계신데, 저희 어머니가 10년 동안 꾸준히 산에서 도라지를 캐서 밭에다가 옮겨 심으셨어요. 다양한 방식으로 옮겨 심고 키웠는데, 결론은 밭에서 자란 도라지는 향기가 나지 않는다는 거예요. 그래서 제가 철학 박사를 하고 오니까, 어머니가 철학자니까 네가 한번 왜 그런지 맞혀 봐라 그러셨어요! (웃음) "내가 농업 전문가들한테 다 물어보니까 모르더라"고 하시면서.

그래서 제가 어머니 말씀 듣고 책도 찾아봤어요. 그런데 이유는 간단합니다. 향기는 이질적인 것들하고 함께 있어야 강해지는 겁니다. 간단한 거예요. 아무리 좋은 토양이어도 저 혼자 자라면 향기가 없습니다. 향기는 어찌 보면 적처럼 보이는, 나와는 성질이 다른 이질적인 존재와 함께 어우러져야 생겨납니다. 그게 바로 공감능력이에요.

　저는 우리 교육이 학생들 각자가 각기 다른 꿈을 가지고 경쟁하는 것을 유도하면 좋겠어요. 학교도 사회처럼 경쟁하는 곳이라고 생각합니다. 학생들에게 경쟁하지 말자고 말하면 안 됩니다. 경쟁하되 각자 자기가 원하는 곳에서 자신의 기준과 의견을 가지고 경쟁해야 합니다. 그래서 서로 기준이 다르고, 꿈이 다른 학생들이 어울려 살면서 공감할 수 있는 능력을 최대한 길러 내야 합니다. 끔찍한 일이 반복되지 않고, 내가 끔찍한 사람이 되지 않도록 이질적인 사람들과 어울려 사는 사회를 만들어 가기 위해서 마지막으로 한 가지 부탁드리고 싶은 것이 있습니다. 가장 쉬운 방법인데, 우선 시민사회에 돈 오천 원이라도 기부하면 좋겠습니다. 부탁드리겠습니다.

(청중 박수)

김현정 　고맙습니다. 다음 이택광 교수님 부탁드립니다.

이택광 　일단 가장 어려운 게 사람이 습관을 바꾸는 거죠. 습관은 사실 죽을 각오를 하지 않으면 못 바꿉니다. 담배를 피우는 분이 담배를 끊을 수 있는 방법은 담배 때문에 죽을 뻔할 때죠. 담배 때문에 죽으면 담배를 못 피우잖아요. 그럴 때만 바꿀 수 있다고 보는데, 하여튼 세월호가 우리에게 주는 메시지는 바로 그거라고 봅니다. 습관을 바꾸라는 거죠. 습관이 이제 사회화된 이데올로기인 것입니다. 이념일 수 있는 것이고. 가만히 있으라고 하는 것이었잖아요. 교육 방식이. 그 이데올로기를 지탱하는, 재생하는 것이 교육, 교육 시스템이었죠. 그 교육 시스템이 가르친 것이 가만있으라는 것이었고, 그것이 지금까지 우리가 이야기하고 있는 만악의 근원이 아닌가 하는 것이죠. 그래서 지금이 습관을 바꿀 때이고, 그것은 죽을 각오를 해야 바뀌는 겁니다. 사실 저는 그렇지 않으면 한국이 정말 죽을 상황에 왔다고 생각을 합니다. 일단 출산율이 제로예요. 지금 여기 계시는 분들이 한국의 마지막 한국인일 수도 있거든요. (웃음) 물론 다른 분들이 오셔서 한반도에 사시겠지만. (웃음) 한국인은 끝나지 않았나. 그런 생각이 드는데… 어쨌든 죽을 각오를 하고 바꿔야 된다는 생각이 들고, 거기에 바로 교육 패러다임의 전환이 있을 것이라는 생각이 듭니다.

(청중 박수)

김현정　고맙습니다. 네, 이수광 원장님.

이수광　진은영 시인께서 하신 말씀이 생각납니다. "우리의 연민은 정오의 그림자처럼 짧고, 우리의 수치심은 자정의 그림자처럼 길다." 우리가 각자의 자리에서 수치심을 느끼고 살아가는 것, 특히 교육계 종사자들이 현재 조건에서 수치심을 잊지 않는 것이 새로운 교육체제를 만들어 가는 동력이라고 생각합니다. 오늘 이 자리에서 이런 다짐을 다시 한 번 새기면 좋겠다 싶어요. 고맙습니다.

김현정　시작할 때, 그 참사 당시에 느꼈던 트라우마, 그날 느꼈던 상처, 기억을 이야기했었는데, 정말 잊지 말아야겠습니다. 그리고 잊지 않는 것을 넘어 바꾸어야 하고, 바꾸기 위해 노력해야겠습니다. 함께하신 여러분, 이제 각자의 자리로 돌아가셔서 '나는 무엇을 바꿀 것인가' 진지하게 고민해 주셨으면 좋겠습니다. 끝까지 함께해 주셔서 고맙습니다. 우리 모두를 위해, 잊지 말아야 할 희생되신 분들을 위해, 그

리고 가족분들을 위해 뜨거운 박수 보내 주십시오. 고맙습
니다.

4·16교육체제 비전과 전략
(요약 및 결론)

기존 교육체제와 질적으로 다른 새로운 교육체제로 전환하기 위한 사고실험의 공유와 촉진을 위해, 경기도교육연구원이 2015년 발간한 〈4·16교육체제 비전과 전략〉 보고서 내용을 압축해서 싣는다.

4·16교육체제의 비전은 '행복한 배움으로 모두가 특별한 희망을 만드는 공평한 학습사회'다. 이 비전은 모든 학생이 함께 즐겁게 배우고, 배움의 과정에서 자신의 꿈을 구체화하고, 주체적으로 행복한 삶을 열어 갈 수 있는 공평한 학습사회를 실현하겠다는 의지를 반영하고 있다. 4·16교육체제에서는 미래에 직면할 다양한 도전을 지혜롭게 극복하고, 타자와 함께 공생의 삶을 살아갈 수 있는 인간 육성을 강조한다. 즉 생물적 생존, 사회적 생활, 인간적 실존의 욕구를 동시에 실현할 수 있는 인간상을 상정하는 것이다. 구체적으로 '배움을 즐기는 학습인', '참여적 민주시민', '따뜻한 생활인', '함께하는 세계인' 등 네 가지 인간상이다. 즉 배움을 통해 자신의 가치를 고양할 수 있고, 시민적 책무성을 자각하는 지역사회 시민, 이웃과 삶을 나눌 줄 알고 더 적극적으로는 세계적 의제에 관심을 갖는 미래 인재를 강조하는 것이다.

그리고 상정한 인간상을 구현하기 위해서는 교육 패러다임이 근본적으로 전환되어야 한다고 보고, 새로운 교육 패러다임에 부합하는 가치를 설정하였다. '공공', '창의', '자율', '행복', '생태' 등 다섯 가지다. 이러한 가치를 강조하는 배경에는 몇 가지 교육적 신념이 전제되어 있다. 즉 '지나친 경쟁보다는 함께 공생하면서 더불어 협력하는 것이 진정한 발전이다'(공공), '자유로운 참여와 실험적 사고가 지지 격려되는 학교 분위기에서 학생들의 학습동기가 신장된다'(창의), '자율적인 조건에서 주체의 책무성이 신장된다'(자율), '행복하게 배워야 지적·정서적으로 성장한다', '지속가능한 삶을 위해서는 생태적 소양이 중요하다'라는 교육적 가정假定의 배경 맥락이 있는 것이다.

4·16교육체제의 비전과 인간상, 그리고 핵심 교육 가치를 실현하기 위한 정책 목표는 네 가지이다. 그리고 이를 현실화할 수 있는 4대 전략을 채택하였다. 첫 번째 정책 목표는 '학생이 행복한 학교교육'이다. 이를 위해서 모든 학생들에게 '행복한 배움' 기회를 보장하고, 자율과 책임의 학교문화 구축을 강조한다. 두 번째 목표는 '미래 인재 육성을 위한 제도 혁신'으로 설정하고, 구체적으로 교원 인사 정책 개선, 학교제도 및 대학입시제도 개선에 주목한다. 세 번째 정책 목표는 '지원행정의 효율성 제고'다. 학교현장 지원체계를 구축하고 교육재정의 규모 확대 및 재정 투자의 효율성을 높이고자 하는 것이다. 마지막으로는 '교육을 통한 통합 기능 강화'를 정책 목표로 설정하였다. 교육격차를 줄여 함께 성장하고 발전할 수 있는 교육체제를 갖추고, 다양성을 포용할 수 있는 교육적 접근을 강조하는 것이다. 그리고 이와 같은 정책 목표를 달성하기 위해서는 '혁신교육의 확산', '학교와 마을의 연대 강화', '교육 주체 참여 역량 제고', '새로운 교육 인식 환경 조성' 전략을 채택하였다.

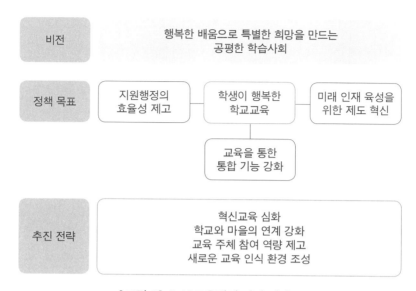

비전	행복한 배움으로 특별한 희망을 만드는 공평한 학습사회

정책 목표

지원행정의
효율성 제고

학생이 행복한
학교교육

미래 인재 육성을
위한 제도 혁신

교육을 통한
통합 기능 강화

추진 전략

혁신교육 심화
학교와 마을의 연계 강화
교육 주체 참여 역량 제고
새로운 교육 인식 환경 조성

[그림 1] 4·16교육체제 비전 체계도

　4·16교육체제는 몇 가지 점에서 현행 교육체제와는 구별되는 지향을 강조한다. 기존의 교육체제가 학교 외의 학습을 인정하지 않는 경직성을 갖고 있는 반면에, 4·16교육체제는 학교 외에서의 다양한 학습 결과를 인정하게 된다. 그리고 교육정책을 주도하는 집단도 과거에는 관료와 교원이었다면 이제는 시민사회가 이 역할을 감당하게 된다.

　현행 교육체제에서의 주된 관심은 '경쟁력 강화'에 집중돼 있다. 따라서 정책의 방향도 경쟁력 제고를 위해 많은 요소를 투입하고, 이를 효과적으로 운영하는 데 맞추어져 있다. 즉 가능한 많은 요소(시간, 자원, 프로그램, 사업 등)를 투입하고 이런 조건에서 자기 계발에 적극적인 학생들이 육성되길 기대하는 것이다. 이에 비해 4·16교육체제의 핵심 관심은 다양한 특성과 소질을 갖고 있는 개별 학생들이 자신의 고유성과 독특성을 신장하는 것에 맞추어져 있다. 그렇기에 정책 방향은 개별 학생들이 자신의 적성과 능력, 흥미, 필요를 제대로 고려하여 상황에 맞게 조력을 받을 수 있는 학습 네트워크 구축에 있다. 네트워크 구축을 통해 학생들이 맞춤형 학습 지원을 받을 수 있는 다중 돌봄체제를 구축하고자 하는 것이다. 이런 돌봄체제에서 생태적 감성과 공동체적 품성을 갖춘 시민의 육성을 기대하는 것이다.

	이전 교육체제	4·16교육체제
교육체제	경직된 교육체제-학교 외 학습 불인정 (관료와 교원이 교육정책 주도)	유연한 교육체제-다양한 학습 결과 인정 (시민이 교육정책 주도-학습자 중심)
체제 특성	요소투입형 경쟁체제	네트워크형 다중돌봄체제
핵심 쟁점	경쟁력 강화 문제	자기 고유성 신장 문제
기대하는 인간상	자기 계발하는 주체 (신자유주의적 품성)	상생 협력의 주체 (생태적 감성, 공동체적 품성)
관심사	성공하는 삶(처세 기술)	함께하는 행복한 삶(존재 기술)
정책적 의제	평등한 기회 구조	탁월한 성장을 위한 돌봄 구조
정책 방향	요소 투입 및 기술·기능적 조정	자원 연계 및 거버넌스 구축

[표 1] 4·16교육체제의 지향점

4·16교육체제로 전환하기 위해서는 전환의 핵심 관문이 되는 정책 영역을 설정하고, 각 영역별로 단·중·장기 정책과제를 개발·실행해야 한다. 그 핵심 관문 구실을 하는 정책 영역과 정책과제를 정리하면 다음과 같다.

정책 목표 1: 학생이 행복한 학교교육

교육과정 체제 개편	• 지역교육과정위원회 설치 운영 • 교과서 자유발행제 도입(단계화) • 국가수준 교육과정 지침 최소화 • 교육과정–수업–평가 일체화 • 교사별(수업 단위별) 평가 도입 • 교육과정 난이도 조정 • 학습량 적정화 • 초등 5~6학년 교과 전담제 확대 • 고등학교 학점제, 무학년제 운영 • 학교 간 공동교육과정 운영 • 캠퍼스형 학교 도입 • 일반계고 교육과정 특성화 • 지역교육과정 개발·운영 • 실생활 교육 강화 • 학습부진제로 학교 운영: 초등 (Best Start School) • 보편적 학습설계 도입 적용 • 전환학년제(중·고) • 체험학습일 확대(최대 30일) • 초등학교 선다형 평가 폐지 • 초등학교 4학년까지 정기고사 폐지

학교민주주의 심화	• 3주체 자치조직 법제화 • 학교자치조례 제정(단계적 조치) • 학교운영위원회 제도 개선 • 학생자치예산 의무 편성 • 학교민주주의 지수 개발 보급 • 체험 중심의 민주시민교육 활성화 • 학생노동인권보호조례 제정 • 민주시민교육진흥법 제정 • 학생의회 구성 • 아동청소년인권법 제정 • 학부모 학교참여 휴가제 도입 • 학부모자원봉사센터 운영 • 학부모 마을교육공동체 연수 실시 • 교사연수과정에 학부모 관련 강좌 필수 편성 • 교권보호지원세터 설치 운영 • 교직원 힐링센터 설립 운영 • 선거권 만 18세로 하향 조정 • 교육감 선거권 만 16세로 하향 조정
미래형 학습환경 조성	• 지방자치교육 거버넌스 구축 • 마을교육공동체 모델 개발 확산 • 학교를 넘나드는 학습생태계 구축 • 주민평생교육 지원 학교 모델 개발 • 돌봄 사업의 마을사업화 • 마을교육공동체지원센터 설립 운영 • 교육자원봉사센터 설립 운영 • 학교협동조합조례 제정 • 교육협동조합활성화지원센터 설치 • 사회적 경제 교육활동 지원 및 연수체제 구축 • 교육협동조합 커뮤니티 구축 • 학교시설의 복합화 • 장애물 없는 학교생활 환경 구성 • 생태적 학습환경 조성 • 맞춤학습이 가능한 학습환경 구축 • 미래형 스마트학교 설립 운영 • 스마트 환경을 활용한 글로벌 연계 학습활동 활성화 • 원도심 및 농산어촌 소규모 학교 재구조화 • 농산어촌 학교 유휴시설 활용 특성화 • 도심 학교 유휴시설 활용의 다각화

정책 목표 2: 미래 인재 육성을 위한 제도 혁신

역량 중심 인사제도 개선	• 교대와 사범대 통폐합(1안) • 교대 단일 대학으로 통합(2안) • 양성기관 복수전공제 의무화 • 양성기관 역량 함양 중심 교육과정으로 개편 • 현장교원 초빙 교수제 도입 • 교생실습 8주 이상 확대 • 초등학교 저학년-고학년 중점 전공제 도입 • 교원선발 전형 유형 다양화(임용 트랙의 다양화) • 교원선발 전형 방식 개선(허들형 전환) • 수습교사제 도입 • 교원 생애주기별 연수체제 구축 • 자격연수제도 개선 • 근무평정과 교사평가 통합 • 성과급제 폐지 • 다면 평가 강화 • 생활권역 통합 인사제도 도입 • 교장 임용 방식 선택권 학교운영위원회에 부여 • 내부형 교장공모제 확대 • 학교장 4년 단임제(공모제에 의한 중임 가능) • 공모제 심사 공정성 제고 • 교장, 교감 리더십 아카데미 개설 • 교감공모제 및 보직형교감제 도입 • 임용 후보자 다면 평가 강화 • 학교장 중간 평가제 도입 • 복수 교감제 폐지 • 개방형 장학관제 도입 • 보직형 장학사제 도입 • 전문직 지역형 임용 트랙 도입 • 사무관 선발제도 개선(다면 평가)

학교제도 개선	• 유아교육 공교육체제 안정적 구축 • 공립유아교육기관 설치 확대 • 보육과 유아교육 서비스 연계 강화 • 유치원 규모 적정화 • 사립 유치원 공공성 강화 • 안전한 유아교육 환경 구축 • 유아교사, 보육교사 전문 역량 강화 • 유치원 방과 후 과정 운영 적정화(인지학습 프로그램 폐지) • 선행학습금지법 대상에 유치원(누리과정) 포함 • 외국어고, 국제고, 자사고, 과학고 일반계 고교로 전환 • 통합형 고교로 단일화(장기) • 영재학교 위탁형 방식으로 전환 • 캠퍼스형 고교 점진적 확대 • 특성화고교 체제 개편(특색화, 통합화, 일반고 전환) • 대안교육 법제 정비 • 고교 완전 무상의무교육 • 학제 유연화(학교 유형과 수업 연한 다양화) • 학교 밖 학습 경험의 학력 인정 • 검정고시 기회 확대
대학입시제도 개선	• 수능시험-EBS 연계 폐지 • 수능절대평가제 도입(1단계) • 수능 폐지 후 자격고사제 전환 • 학생부 중심 선발 확대 • 성취평가제 정착 • 진로 맞춤형 전형제도 확대 • 고교-지역대학 연계 전형 도입 • 대입 추첨제 전형 도입 • 혁신대학 네트워크 구축 • 통합기초교양대학 설립 • 고등교육 재정 확충(GDP 1.5% 이상) • 학력차별금지법 제정

정책 목표 3: 지원행정 효율성 제고

행정권한 분권화	• 국가교육위원회 설치 운영 • 교육감의 자치사무권 확대 • 교육감의 자치조직권 확대 • 분권화를 위한 관련 법령 정비 • 교육부 장관 사무 축소 • 지방교육자치 활성화 관련 법률 개정 • 교육부 장관과 교육감 간 갈등중재기구의 설치 운영 • 도교육청 사업 슬림화 • 학교지원청의 역할 기능 조정 • 혁신교육지원청 모델 개발 확산 • 학교지원센터로의 전환 • 시·도교육청 평가 방식 개선 • 교육지원청 자체 평가로 전환
교육재정 구조 혁신	• 누리과정 예산 편성 주체 중앙정부로 규정 • 지방교육재정교부금 내국세 교부율 조정(25.27%) • 특별교부금 비율 하향 조정(1%) • 교육복권 사업 도입 검토 • 지방교육재정 사회적 합의체 구성 운영 • 보통교부금 산정 기준 탄력적 적용 • 교부금 배분 방식의 합리화 • 기준 재정 수요액 항목 단순화 • 중앙정부와 지자체 재원 부담 책임 명확화 • 결과지표 중심의 재정사업 평가 • 교육재정 기준 정비(편성, 집행권자) • 재정 관련 지식 공유 플랫폼 운영 • 정책 담당자 재정 운용 역량 강화 • 학교운영위원 재정 운용 역량 강화 • 매년 재정 성과 보고서 작성 공개 • 지방교육재정교부금법 시행령 개정 - '정산' 규정의 폐지

정책 목표 4: 교육을 통한 통합 기능 강화

교육 형평성 제고	• 통합교육진흥법 제정 • 통합교육진흥원 설립 운영 • 교육격차해소위원회 설치 운영 • 학교평등예산제 도입 • 지역사회학습안전망센터 설립 • 지역사회 돌봄 자원 데이터베이스 구축 • 교육적 배려 집단 기초학력 보장 • 성장배려학년제 운영(초 1~2학년) • 대안학교 설립 확대 • 교육적 배려 집단 이해를 위한 교원 연수제도 개선 • 장애별 특수학교 신설 및 종합특수학교로의 전환 • 특수학급 신·증설 • 장애 영아 및 유아 지원 확대 • 병원학교 설립 확대 • 중도, 중복 장애 학생을 위한 순회교육 내실화 • 특수교육지원센터 인력 확충 및 학교와의 연계 강화 • 특수교육 관련 서비스 대상자 확대 • 장애 학생 인권보호 강화 • 교원 및 비장애 학생 대상 장애이해교육 강화 • 장애별, 단계별 교육과정 개발 운영 • 통합형 직업교육 거점학교 확대 • 직업교육 위탁교육 기회 확대 • 특성화된 장애 학생 직업 중·고교 설립 • 전공과 대학 설치 • 장애인 특별전형 제도 개선
문화적 다양성 포용 교육 강화	• 다문화 학생 유치원 단계 언어·기초학습 지원 • 중도입국 학생 적응 촉진 사업 확대 • 다문화 학생 직업교육 지원체제 구축 • 다문화 이해교육 강화(학생, 교직원) • 다문화교육진흥원 설립 • 다문화교육센터 역할 기능 강화

문화적 다양성 포용 교육 강화	• 청소년 다문화 수용성 지수 개발 • 다문화 수용성 제고 교재 개발 • 교육과정 연계한 상호문화교육 강화 • 지역 다문화 어울림 축제 개최 • 마을교육공동체와 연계한 상호문화교육 • 평화 감수성 증진 프로그램 개발 보급 • '통일학교' 설치 운영(개성공단) • 남북 학생 평화 축제 추진 • 남북 학교 간 자매결연 사업 추진 • 체험 중심 통일교육 활성화 • 교원 통일교육 역량 함양 • 교과 및 비교과를 통한 세계시민교육 강화 • 청소년 INGO 활동 지원 • 세계시민교육을 위한 네트워크 구축 　－국제NGO와 연계한 프로그램 개발

● 교육체제 전환을 위한 핵심 질문

교육체제 전환과 관련해서 몇 가지 주목해야 할 점들이 있다. 간략히 정리해 보자.

첫째, 새로운 교육체제 비전과 전략, 그리고 정책과제를 관통하는 교육적 신념과 가정假定이 무엇인지 분명하게 밝히고, 이에 대한 토론을 지속적으로 조직하는 일이 필요하다. 즉 전략적 의사소통이 필요하다. 교육의 비전과 전략을 새롭게 설정하고, 정책과제를 제시하는 일은 교육에 대한 사회 구성원들의 지배적 인식 요소를 재정렬하는 일과 같다. 따라서 당대 교육 질서에 대한 문제의식과 비전 설정의 전제가 되는 교육적 신념을 공유하기 위한 조직적 노력이 중요하다. 이러한 노력을 통해 교육정책 방향이 교육 시장화가 초래한 문제를 해결하는 방향으로, 그리고 초·중등교육 단계에서 경쟁의 논리보다는 공공성과 평등성이 우선되는 방향으로 전환해야 한다는 인식을 공유할 수 있기 때문이다.

둘째, 초·중등교육 단계에서 경쟁의 논리가 아니라 공공성과 평등성을 우선하고, 교육 시장화가 초래한 문제를 해결하는 정책을 실행하기 위해서는 사회적 합의가 중요하다. 연구진이 제안한 초등교육 이전 단계에서의 보육과 교육의 공교육화, 초등학교에서의 출발점 평등화를 위한 학교체제 전환, 고교 무상교육, 고교체제 개편, 학부모 학교참여 휴가제 도입, 대학서열 해체, 지역 중심 학습안전망 구축 등의 정책이 이에 해당한다. 문제는 이들 정책이 실현되기 위해서는 막대한 예산이 소요된다는 점이다. 따라서 교육재정을 충원하기 위한 범사회적 합의가 우선되어야 한다. 이를 위한 사회적 대타협 기구를 초당파적 협의체로 구성할 필요가 있다. 그리고 사회적 대타협과는 별개로 여러 정책을 동시에 추진하는 것이 불가능한 만큼 정책 간 우선순위 결정, 혁신의 수준과 범위에 대한 교육계 내부의 합의도 중요하다. 이를 위해 교육부 장관, 각 교육 주체 대표, 각 시·도교육감이 참여하는 연석회의를 정례화하고, 그 결과를 국민들에게 보고하는 과정을 조직화할 필요가 있다.

셋째, 새로운 교육체제로 전환하기 위해서는 혁신을 추동할 민·관·학 연합의 중간조직intermediate organizations 구성이 필요하다. 그간 교육개혁의 역사를 살펴보면, 개혁추진 단위는 교육 주체와 민간의 광범위한 참여 원리를 표방하였지만 실제로는 하향식 접근이 주된 흐름이었다. 그렇다 보니 중앙정부의 의지와는 다르게 교육에 대한 국민 의식의 전환도 더디고, 현장의 혁신 분위기도 단발적 효과에 머물고, 시민운동도 기대만큼 활성화되지 못했다. 그리고 중앙의 개혁추진 단위와 학교현장 간의 의사 전달 및 환류 채널이 불량한 경우 교원, 학생, 학부모는 참여의 효능감을 경험하지 못하고 혁신에 냉소적 태도를 갖게 되었다. 특히 중간조직의 발달이 미흡한 상황에서 추진하는 자율화는 도리어 집권적·권위주의적 자율화로 귀결될 개연성이 농후하다. 이명박 정부의 자율화 정책 추진 방식이 이를 웅변으로 보여 준다.
안병영·하연섭, 2015: 398

이런 점에서 학교와 가정, 마을, 행정청을 아우를 수 있는 민·관·학이 참여하는 혁신 추진체를 구성할 필요가 있다. 그리고 교육체제 전환 정책이 안정적이고 지속적이며 전문적으로 추진될 수 있도록 그에 걸맞은 기능과 역할, 권한을 부여할 필요가 있다. 국가권력으로부터 벗어나 자율화를 이끌 수 있는 추진체, 혁신 추진과정에서 파생되는 문제를 해결할 수 있는 조정력을 갖춘 추진체의 구축은 교육적 차원은 물론 사회통합 차원에서도 의미가 있다.

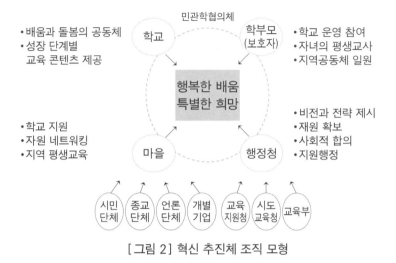

[그림 2] 혁신 추진체 조직 모형

넷째, 새로운 교육체제가 연착륙하기 위해서는 이중 과제의 조화로운 실행이 중요하다. 즉 미시적 혁신(교육과정 운영, 학생자치 문화, 교사 전문적 학습공동체 구축, 학습돌봄체제 구축 등)을 지속함과 동시에 교육행정, 교육제도와 조직 개편을 추진하는 거시적 혁신도 추진해야 한다. 미시적 혁신이 현재적 모순 극복을 통해 '지금 여기'에 있는 교육 주체들의 일상을 개선하고자 하는 것이라면, 거시적 혁신은 교육 질서를 수정하고자 하는 것이다. 이 두 차원의 혁신은 상보적이다. 따라서 두 차원의 혁신 추진에서는 철학적 일관성, 논리적 일관성, 정책 간 상호 연관성, 그리고 의도하지 않은 파급효과까지를 살필 수 있는 컨트롤 타워 역할이 중요하다. 정책조합으로 인한 차감효과가 나타나는 경우, 혁신 피로도는 말할 것도 없고 정책 불순응으로 이어질 가능성이 높기 때문이다.

교육행정청의 민주화 과제도 시급하다. 새로운 비전과 전략 채택의 초점은 바로 한국 교육사회의 메커니즘을 전환하는 데 맞추어져 있다. 이를 위해 다양한 유도 정책을 동원하는 것이다. 그런데 중요하지만 언급되지 않았거나 소홀하게 다루어진 과제가 하나 있다. 바로 교육행정청의 민주적 전환 문제다. 4·16교육체제의 핵심은 민주적 교육질서를 구축하는 데 있다. 문제는, 정책수단을 동원하고 정책 집행과정에서 지휘·조율하는 행정청의 민주화 수준이 그다지 높지 않다는 점이다. 실제로 교육부나 시·도교육청에서는 학교현장에 대해 민주적 운영을 재촉한다. 하지만 정작 정책을 추진하는 방식은 민주적이지 않다. 그 내부에서 일하는 방식도 민주주의와는 거리가 멀다. 거버넌스 구성과 운영은 형식적인 면이 많고, 일상적인 작풍作風도 권위적 분위기가 짙다. 토론문화 수준도 빈약하다. 사정이 이렇다 보니 행정청 간에, 그리고 행정청과 학교 간에 기능과 업무의 분화보다는 동일 업무의 중복이 심하다. 행정청과 학교의 관계가 동일 업무에 대한 권위의 위계체제로 구성된 측면이 강하다.

이런 조건에서는 행정청 본래의 기능은 소홀히 되고 점점 더 중앙집권적 통제 경향이 나타나기 쉽다. 그리고 교육혁신은 관료적 실적 쌓기로 나타나고, 이를 입증하기 위한 관련 서류 축적을 열심히 하게 된다. 이 과정에서 '개혁 허상'이 만들어지고, 다른 한편에서는 개혁에 대한 냉소주의가 확산된다. 이런 문제를 반복하지 않기 위해서는 교육행정청의 민주적 이행 과제를 선결 과제로 설정하고 실행 로드맵을 구체화할 필요가 있다.

요컨대 직급 간에 자유로운 토론이 가능한 행정청, 단위 부서의 자율과 책임이 강조되는 행정청, 거버넌스를 통한 협치協治의 가치를 존중하는 행정청으로 전환해야 한다. 그리고 관료사회에도 민주적인 태도와 가치를 직무윤리로 삼는 작풍作風이 진작되어야 한다. 이런 맥락에서, 주로 행정청의 권력 교체 시기에 단행되는 조직 개편 작업은 단지 직제 개편을 넘어 어떻게 일하는 풍토를 새롭게 할 것인가의 문제로 접근할 필요가 있다.

삶의 행복을 꿈꾸는 교육은 어디에서 오는가?

미래 100년을 향한 새로운 교육 · 혁신교육을 실천하는 교사들의 **필독서**

▶ 교육혁명을 앞당기는 배움책 이야기
혁신교육의 철학과 잉걸진 미래를 만나다!

한국교육연구네트워크 총서

01 핀란드 교육혁명
한국교육연구네트워크 엮음 | 320쪽 | 값 15,000원

02 일제고사를 넘어서
한국교육연구네트워크 엮음 | 284쪽 | 값 13,000원

03 새로운 사회를 여는 교육혁명
한국교육연구네트워크 엮음 | 380쪽 | 값 17,000원

04 교장제도 혁명
한국교육연구네트워크 엮음 | 268쪽 | 값 14,000원

05 새로운 사회를 여는 교육자치 혁명
한국교육연구네트워크 엮음 | 312쪽 | 값 15,000원

06 혁신학교에 대한 교육학적 성찰
한국교육연구네트워크 엮음 | 308쪽 | 값 15,000원

07 진보주의 교육의 세계적 동향
한국교육연구네트워크 엮음 | 324쪽 | 값 17,000원
2018 세종도서 학술부문

08 더 나은 세상을 위한 학교혁명
한국교육연구네트워크 엮음 | 404쪽 | 값 21,000원
2018 세종도서 교양부문

09 비판적 실천을 위한 교육학
이윤미 외 지음 | 448쪽 | 값 23,000원

10 마을교육공동체운동:
세계적 동향과 전망
심성보 외 지음 | 376쪽 | 값 18,000원

혁신학교
성열관 · 이순철 지음 | 224쪽 | 값 12,000원

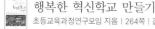
행복한 혁신학교 만들기
초등교육과정연구모임 지음 | 264쪽 | 값 13,000원

서울형 혁신학교 이야기
이부영 지음 | 320쪽 | 값 15,000원

혁신교육, 철학을 만나다
브렌트 데이비스 · 데니스 수마라 지음
현인철 · 서용선 옮김 | 304쪽 | 값 15,000원

한국교육연구네트워크 번역 총서

01 프레이리와 교육
존 엘리아스 지음 | 한국교육연구네트워크 옮김
276쪽 | 값 14,000원

02 교육은 사회를 바꿀 수 있을까?
마이클 애플 지음 | 강희룡 · 김선우 · 박원순 · 이형빈 옮김
356쪽 | 값 16,000원

03 비판적 페다고지는
세상을 변화시킬 수 있는가?
Seewha Cho 지음 | 심성보 · 조시화 옮김 | 280쪽 | 값 14,000원

04 마이클 애플의 민주학교
마이클 애플 · 제임스 빈 엮음 | 강희룡 옮김 | 276쪽 | 값 14,000원

05 21세기 교육과 민주주의
넬 나딩스 지음 | 심성보 옮김 | 392쪽 | 값 18,000원

06 세계교육개혁:
민영화 우선인가 공적 투자 강화인가?
린다 달링-해먼드 외 지음 | 심성보 외 옮김 | 408쪽 | 값 21,000원

07 콩도르세, 공교육에 관한 다섯 논문
니콜라 드 콩도르세 지음 | 이주환 옮김 | 300쪽 | 값 16,000원

대한민국 교사, 어떻게 가르칠 것인가?
윤성관 지음 | 320쪽 | 값 15,000원

아이들을 어떻게 가르칠 것인가
사토 마나부 지음 | 박찬영 옮김 | 232쪽 | 값 13,000원

모두를 위한 국제이해교육
한국국제이해교육학회 지음 | 364쪽 | 값 16,000원

경쟁을 넘어 발달 교육으로
현광일 지음 | 288쪽 | 값 14,000원

혁신교육 존 듀이에게 묻다
서용선 지음 | 292쪽 | 값 14,000원

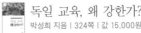 **독일 교육, 왜 강한가?**
박성희 지음 | 324쪽 | 값 15,000원

 다시 읽는 조선 교육사
이만규 지음 | 750쪽 | 값 33,000원

 핀란드 교육의 기적
한넬레 니에미 외 엮음 | 장수명 외 옮김 | 456쪽 | 값 23,000원

 대한민국 교육혁명
교육혁명공동행동 연구위원회 지음 | 224쪽 | 값 12,000원

 한국 교육의 현실과 전망
심성보 지음 | 724쪽 | 값 35,000원

▶ 비고츠키 선집 시리즈
발달과 협력의 교육학 어떻게 읽을 것인가?

 생각과 말
레프 세묘노비치 비고츠키 지음
배희철·김용호·D. 켈로그 옮김 | 690쪽 | 값 33,000원

 성장과 분화
L.S. 비고츠키 지음 | 비고츠키 연구회 옮김
308쪽 | 값 15,000원

 도구와 기호
비고츠키·루리야 지음 | 비고츠키 연구회 옮김
336쪽 | 값 16,000원

 연령과 위기
L.S. 비고츠키 지음 | 비고츠키 연구회 옮김
336쪽 | 값 17,000원

 어린이 자기행동숙달의 역사와 발달 Ⅰ
L.S. 비고츠키 지음 | 비고츠키 연구회 옮김
564쪽 | 값 28,000원

 의식과 숙달
L.S 비고츠키 | 비고츠키 연구회 옮김
348쪽 | 값 17,000원

 어린이 자기행동숙달의 역사와 발달 Ⅱ
L.S. 비고츠키 지음 | 비고츠키 연구회 옮김
552쪽 | 값 28,000원

 분열과 사랑
L.S. 비고츠키 지음 | 비고츠키 연구회 옮김
260쪽 | 값 16,000원

 어린이의 상상과 창조
L.S. 비고츠키 지음 | 비고츠키 연구회 옮김
280쪽 | 값 15,000원

 성애와 갈등
L.S. 비고츠키 지음 | 비고츠키 연구회 옮김
268쪽 | 값 17,000원

 비고츠키와 인지 발달의 비밀
A.R. 루리야 지음 | 배희철 옮김 | 280쪽 | 값 15,000원

 관계의 교육학, 비고츠키
진보교육연구소 비고츠키교육학실천연구모임 지음
300쪽 | 값 15,000원

 수업과 수업 사이
비고츠키 연구회 지음 | 196쪽 | 값 12,000원

 비고츠키 생각과 말 쉽게 읽기
진보교육연구소 비고츠키교육학실천연구모임 지음
316쪽 | 값 15,000원

 비고츠키의 발달교육이란 무엇인가?
비고츠키교육학실천연구모임 지음 | 412쪽 | 값 21,000원

 교사와 부모를 위한 비고츠키 교육학
카르포프 지음 | 실천교사번역팀 옮김 | 308쪽 | 값 15,000원

 비고츠키 철학으로 본 핀란드 교육과정
배희철 지음 | 456쪽 | 값 23,000원

▶ 살림터 참교육 문예 시리즈
영혼이 있는 삶을 가르치는 온 선생님을 만나다!

 꽃보다 귀한 우리 아이는
조재도 지음 | 244쪽 | 값 12,000원

 선생님이 먼저 때렸는데요
강병철 지음 | 248쪽 | 값 12,000원

성깔 있는 나무들
최은숙 지음 | 244쪽 | 값 12,000원

 서울 여자, 시골 선생님 되다
조경선 지음 | 252쪽 | 값 12,000원

아이들에게 세상을 배웠네
명혜정 지음 | 240쪽 | 값 12,000원

 행복한 창의 교육
최창의 지음 | 328쪽 | 값 15,000원

 밥상에서 세상으로
김흥숙 지음 | 280쪽 | 값 13,000원

 북유럽 교육 기행
정애경 외 14인 지음 | 288쪽 | 값 14,000원

 우물쭈물하다 끝난 교사 이야기
유기창 지음 | 380쪽 | 값 17,000원

▶ **4·16, 질문이 있는 교실 마주이야기**
통합수업으로 혁신교육과정을 재구성하다!

 통하는 공부
김태호·김형우·이경석·심우근·허진만 지음
324쪽 | 값 15,000원

 미래교육의 열쇠, 창의적 문화교육
심광현·노명우·강정석 지음 | 368쪽 | 값 16,000원

 내일 수업 어떻게 하지?
아이함께 지음 | 300쪽 | 값 15,000원
2015 세종도서 교양부문

 주제통합수업, 아이들을 수업의 주인공으로!
이윤미 외 지음 | 392쪽 | 값 17,000원

 인간 회복의 교육
성래운 지음 | 260쪽 | 값 13,000원

 수업과 교육의 지평을 확장하는 수업 비평
윤양수 지음 | 316쪽 | 값 15,000원
2014 문화체육관광부 우수교양도서

 교과서 너머 교육과정 마주하기
이윤미 외 지음 | 368쪽 | 값 17,000원

 교사, 선생이 되다
김태은 외 지음 | 260쪽 | 값 13,000원

 수업 고수들 수업·교육과정·평가를 말하다
박현숙 외 지음 | 368쪽 | 값 17,000원

 교사의 전문성, 어떻게 만들어지나
국제교원노조연맹 보고서 | 김석규 옮김 392쪽 | 값 17,000원

 도덕 수업, 책으로 묻고 윤리로 답하다
울산도덕교사모임 지음 | 320쪽 | 값 15,000원

 수업의 정치
윤양수·원종희·장군 지음 | 280쪽 | 값 14,000원

 체육 교사, 수업을 말하다
전용진 지음 | 304쪽 | 값 15,000원

 학교협동조합,
현장체험학습과 마을교육공동체를 잇다
주수원 외 지음 | 296쪽 | 값 15,000원

 교실을 위한 프레이리
아이러 쇼어 엮음 | 사람대사람 옮김 | 412쪽 | 값 18,000원

 거꾸로 교실,
잠자는 아이들을 깨우는 수업의 비밀
이민경 지음 | 280쪽 | 값 14,000원

 마을교육공동체란 무엇인가?
서용선 외 지음 | 360쪽 | 값 17,000원

 교사는 무엇으로 사는가
정은균 지음 | 292쪽 | 값 15,000원

 교사, 학교를 바꾸다
정진화 지음 | 372쪽 | 값 17,000원

 마음의 힘을 기르는 감성수업
조선미 외 지음 | 300쪽 | 값 15,000원

 함께 배움
학생 주도 배움 중심 수업 이렇게 한다
니시카와 준 지음 | 백경석 옮김 | 280쪽 | 값 15,000원

 작은 학교 아이들
지경준 엮음 | 376쪽 | 값 17,000원

 공교육은 왜?
홍섭근 지음 | 352쪽 | 값 16,000원

 아이들의 배움은 어떻게 깊어지는가
이시이 준지 지음 | 방지현·이창희 옮김 | 200쪽 | 값 11,000원

 자기혁신과 공동의 성장을 위한
교사들의 필리버스터
윤양수·원종희·장군·조경삼 지음 | 280쪽 | 값 14,000원

 대한민국 입시혁명
참교육연구소 입시연구팀 지음 | 220쪽 | 값 12,000원

폭력 교실에 맞서는 용기
따돌림사회연구모임 학급운영팀 지음 | 272쪽 | 값 15,000원

 학교자율운영 2.0
김용 지음 | 240쪽 | 값 15,000원

 그래도 혁신학교
박은혜 외 지음 | 248쪽 | 값 15,000원

 학교자치를 부탁해
유우석 외 지음 | 252쪽 | 값 15,000원

 학교는 어떤 공동체인가?
성열관 외 지음 | 228쪽 | 값 15,000원

 국제이해교육 페다고지
강순원 외 지음 | 256쪽 | 값 15,000원

 교사 전쟁
다나 골드스타인 지음 | 유성상 외 옮김 | 468쪽 | 값 23,000원

 미래교육, 어떻게 만들어갈 것인가?
송기상·김성천 지음 | 300쪽 | 값 16,000원

 인공지능 시대의 사회학적 상상력
홍승표 지음 | 260쪽 | 값 15,000원

 선생님, 페미니즘이 뭐예요?
염경미 지음 | 280쪽 | 값 15,000원

 시민, 학교에 가다
최형규 지음 | 260쪽 | 값 15,000원

 혁신교육지구와 마을교육공동체는 어떻게 만들어지는가?
김태정 지음 | 376쪽 | 값 18,000원

▶ 교과서 밖에서 만나는 역사 교실
상식이 통하는 살아 있는 역사를 만나다

 전봉준과 동학농민혁명
조광환 지음 | 336쪽 | 값 15,000원

 교과서 밖에서 배우는 역사 공부
정은교 지음 | 292쪽 | 값 14,000원

 남도의 기억을 걷다
노성태 지음 | 344쪽 | 값 14,000원

 팔만대장경도 모르면 빨래판이다
전병철 지음 | 360쪽 | 값 16,000원

 응답하라 한국사 1·2
김은석 지음 | 356쪽·368쪽 | 각권 값 15,000원

 빨래판도 잘 보면 팔만대장경이다
전병철 지음 | 360쪽 | 값 16,000원

 즐거운 국사수업 32강
김남선 지음 | 280쪽 | 값 11,000원

 영화는 역사다
강성률 지음 | 288쪽 | 값 13,000원

 즐거운 세계사 수업
김은석 지음 | 328쪽 | 값 13,000원

 친일 영화의 해부학
강성률 지음 | 264쪽 | 값 15,000원

강화도의 기억을 걷다
최보길 지음 | 276쪽 | 값 14,000원

한국 고대사의 비밀
김은석 지음 | 304쪽 | 값 13,000원

광주의 기억을 걷다
노성태 지음 | 348쪽 | 값 15,000원

조선족 근현대 교육사
정미량 지음 | 320쪽 | 값 15,000원

선생님도 궁금해하는 한국사의 비밀 20가지
김은석 지음 | 312쪽 | 값 15,000원

다시 읽는 조선근대 교육의 사상과 운동
윤건차 지음 | 이명실·심성보 옮김 | 516쪽 | 값 25,000원

 걸림돌
키르스텐 세룹-빌펠트 지음 | 문봉애 옮김
248쪽 | 값 13,000원

 음악과 함께 떠나는 세계의 혁명 이야기
조광환 지음 | 292쪽 | 값 15,000원

 역사수업을 부탁해
열 사람의 한 걸음 지음 | 388쪽 | 값 18,000원

 논쟁으로 보는 일본 근대 교육의 역사
이명실 지음 | 324쪽 | 값 17,000원

진실과 거짓, 인물 한국사
하성환 지음 | 400쪽 | 값 18,000원

다시, 독립의 기억을 걷다
노성태 지음 | 320쪽 | 값 16,000원

우리 역사에서 사라진 근현대 인물 한국사
하성환 지음 | 296쪽 | 값 18,000원

한국사 리뷰
김은석 지음 | 244쪽 | 값 15,000원

꼬물꼬물 거꾸로 역사수업
역모자들 지음 | 436쪽 | 값 23,000원

경남의 기억을 걷다
류형진 외 지음 | 564쪽 | 값 28,000원

▶ 더불어 사는 정의로운 세상을 여는 인문사회과학
사람의 존엄과 평등의 가치를 배운다

밥상혁명
강양구·강이현 지음 | 298쪽 | 값 13,800원

좌우지간 인권이다
안경환 지음 | 288쪽 | 값 13,000원

도덕 교과서 무엇이 문제인가?
김대용 지음 | 272쪽 | 값 14,000원

민주시민교육
심성보 지음 | 544쪽 | 값 25,000원

자율주의와 진보교육
조엘 스프링 지음 | 심성보 옮김 | 320쪽 | 값 15,000원

민주시민을 위한 도덕교육
심성보 지음 | 500쪽 | 값 25,000원
2015 세종도서 학술부문

민주화 이후의 공동체 교육
심성보 지음 | 392쪽 | 값 15,000원
2009 문화체육관광부 우수학술도서

교과서 밖에서 배우는 인문학 공부
정은교 지음 | 280쪽 | 값 13,000원

갈등을 넘어 협력 사회로
이창언·오수길·유문종·신윤관 지음 | 280쪽 | 값 15,000원

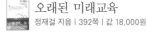
오래된 미래교육
정재걸 지음 | 392쪽 | 값 18,000원

동양사상과 마음교육
정재걸 외 지음 | 356쪽 | 값 16,000원
2015 세종도서 학술부문

대한민국 의료혁명
전국보건의료산업노동조합 엮음 | 548쪽 | 값 25,000원

교과서 밖에서 배우는 철학 공부
정은교 지음 | 280쪽 | 값 14,000원

교과서 밖에서 배우는 고전 공부
정은교 지음 | 288쪽 | 값 14,000원

교과서 밖에서 배우는 사회 공부
정은교 지음 | 304쪽 | 값 15,000원

전체 안의 전체 사고 속의 사고
김우창의 인문학을 읽다
현광일 지음 | 320쪽 | 값 15,000원

교과서 밖에서 배우는 윤리 공부
정은교 지음 | 292쪽 | 값 15,000원

카스트로, 종교를 말하다
피델 카스트로·프레이 베토 대담 | 조세종 옮김
420쪽 | 값 21,000원

한글 혁명
김슬옹 지음 | 388쪽 | 값 18,000원

일제강점기 한국철학
이태우 지음 | 448쪽 | 값 25,000원

우리 안의 미래교육
정재걸 지음 | 484쪽 | 값 25,000원

한국 교육 제4의 길을 찾다
이길상 지음 | 400쪽 | 값 21,000원

왜 그는 한국으로 돌아왔는가?
황선준 지음 | 364쪽 | 값 17,000원

마을교육공동체 생태적 의미와 실천
김용련 지음 | 256쪽 | 값 15,000원

▶ 평화샘 프로젝트 매뉴얼 시리즈
학교폭력에 대한 근본적인 예방과 대책을 찾는다

 학교폭력 어떻게 만들어지는가
문재현 외 지음 | 300쪽 | 값 14,000원

 아이들을 살리는 동네
문재현·신동명·김수동 지음 | 204쪽 | 값 10,000원

 학교폭력, 멈춰!
문재현 외 지음 | 348쪽 | 값 15,000원

 평화! 행복한 학교의 시작
문재현 외 지음 | 252쪽 | 값 12,000원

 왕따, 이렇게 해결할 수 있다
문재현 외 지음 | 236쪽 | 값 12,000원

 마을에 배움의 길이 있다
문재현 지음 | 208쪽 | 값 10,000원

 젊은 부모를 위한 백만 년의 육아 슬기
문재현 지음 | 248쪽 | 값 13,000원

 별자리, 인류의 이야기 주머니
문재현·문한뫼 지음 | 444쪽 | 값 20,000원

 우리는 마을에 산다
유양우·신동명·김수동·문재현 지음 | 312쪽 | 값 15,000원

 동생아, 우리 뭐 하고 놀까?
문재현 외 지음 | 280쪽 | 값 15,000원

 누가, 학교폭력 해결을 가로막는가?
문재현 외 지음 | 312쪽 | 값 15,000원

▶ 남북이 하나 되는 두물머리 평화교육
분단 극복을 위한 치열한 배움과 실천을 만나다

 10년 후 통일
정동영·지승호 지음 | 328쪽 | 값 15,000원

 선생님, 통일이 뭐예요?
정경호 지음 | 252쪽 | 값 13,000원

 분단시대의 통일교육
성래운 지음 | 428쪽 | 값 18,000원

 김창환 교수의 DMZ 지리 이야기
김창환 지음 | 264쪽 | 값 15,000원

 한반도 평화교육 어떻게 할 것인가
이기범 외 지음 | 252쪽 | 값 15,000원

▶ 창의적인 협력 수업을 지향하는 삶이 있는 국어 교실
우리말 글을 배우며 세상을 배운다

 중학교 국어 수업 어떻게 할 것인가?
김미경 지음 | 340쪽 | 값 15,000원

 토론의 숲에서 나를 만나다
명혜정 엮음 | 312쪽 | 값 15,000원

 토닥토닥 토론해요
명혜정·이명선·조선미 엮음 | 288쪽 | 값 15,000원

 인문학의 숲을 거니는 토론 수업
순천국어교사모임 엮음 | 308쪽 | 값 15,000원

 어린이와 시
오인태 지음 | 192쪽 | 값 12,000원

 수업, 슬로리딩과 함께
박경숙 외 지음 | 268쪽 | 값 15,000원

 언어던
정은균 지음 | 268쪽 | 값 15,000원

 민촌 이기영 평전
이성렬 지음 | 508쪽 | 값 20,000원

참된 삶과 교육에 관한
생각 줍기